副島隆彦

SOEJIMA TAKAHIKO

米国債の巨額踏み倒し《デット・リストラクチュアリング》で金融統制が来る

徳間書店

米国債の巨額踏み倒し《デット・リストラクチュアリング》で金融統制が来る

まえがき

世界中で政治的異変が起きているから金（ゴールド）を買うべきだ

私が『ドル覇権《はけん》の崩壊』（徳間書店、2007年8月刊）を書いて17年が経《た》つ。

遂《つい》に米ドル（即ち米国債《べいこくさい》）による世界支配体制（覇権 hegemony《ヘジェモニー》）が、私たちの目の前で崩れつつある。

特にアメリカ株（NYダウ）が5月20日に、4万77ドルの史上最高値を付けた時が、アメリカ帝国《エムパイア》の力の頂点《ピーク》だった。このあとグズグズしている。日本株は、その前の3月22日に、4万888円の史上最高値を付けて、再び7月10日に4万1831円をつけた。

そして5月16日に、北京でプーチンと習近平が会談して「これからの世界体制の有り方」について話し合った（後述する）。この時、世界史（人類史）の軸《アクシス》が動いた。

FT（フィナンシャル・タイムズ）紙（2024/3/8）のジリアン・テット女史の記事で、「債務の再編 debt《デット》 restructuring《リストラクチュアリング》」とは、借金の踏み倒しのこと

強者であるアメリカ政府は、自分の巨額の債務（借金）の世界規模での巨大な踏み倒しをする → 米ドル（＝米国債）は暴落する

弱者が経営する中小企業なら破綻したら夜逃げだ

惜しみなく
国家は
資産家の
資産を奪う

私が、この本で強調して書くべきはやはり金《きん》のことだ。もう金《きん》の地金《じがね》値段は簡単には下がらない。世界各国で政治的な異変《いへん》が次々に起きている。だから、これからでもまだまだ、金（ゴールド）を買うべきだ。まさしく〝有事《ゆうじ》の金〟だ。金《きん》は私が前著で書いた通り、「3倍になる」。特に、これまで金を買ったことのない人は、決意を固めて今からでも金を買いなさい。私は、あなたたちの背中をドーンと押す。なぜ、このような一見《いっけん》無謀に見えることを、私、副島隆彦が書くのか。この本を読み進めてください。

この本の書名は、『米国債の（アメリカ政府による）巨額踏み倒しで（日本でも）金融統制が来る』である。何を言っているのか、この文を読んだだけでは簡単には分からないでしょう。少し分《わ》かり易《やす》く書くと、「アメリカは自分の既発行《きはっこう》の米国債を踏み倒して没落する」である。アメリカの国家財政と金融市場は、もうボロボロ状態である。もうすぐ崩れ落ちる。私たち日本人は、アメリカ帝国の崩壊が目前に迫っていて、米ドル（と米国債）の大下落《だい》がもうすぐ起きることを目撃することになる。

これまでに私、副島隆彦の金融本を真面目に読んできた人たちなら、分かってくれるだろう。ここで、「巨額の米国債の踏み倒し（償還《しょうかん》しないこと）」を、難しく言うと national debt restructuring「ナショナル・デット・リ、ス、ト、ラクチュアリング」である。これを日本語に訳すと、「国家の債務の再編《さいへん》」という。この「債務《デット》の再編（リストラクチュアリング）」という経済学の専門用語が私たち日本人に本当に分かりにくい。難かしいコトバだ。この「債務の再編（とか圧縮《あっしゅく》）」を、分かり易く真実をぶちまけて書くと、まさしく「借金の踏み倒し」のことである。これなら分かるでしょう。「リストラするぞー」なら何となく分かるだろう。

アメリカで、これまでに累積《るいせき》している巨額の国家借金の踏み倒しが、もうすぐ起きる。まさか、とてもそんなことは信じられない、と思っている人たちに対して私は、何も説得する気はない。縁《えん》なき衆生《しゅじょう》だ。私がひとりで焦ってこのことを書いているのは、この事態が実際に起きた時に、その時、「ほーら見てごらん。私、副島隆彦が書いたとおりになったでしょう」と言いたいからだ。そのために、この1冊の本を書いているのである。

これまでの私の、年2冊の定期刊行物（笑）のような金融本たちに付き合ってくれて、読んでくれた皆さんに対しては、感謝の気持ちがある。副島隆彦の金融予言《よげん》の、またしてもの的中を、ともに喜んでもらいたい。他の連中なんかどうでもいい。

米国債の巨額踏み倒しで金融統制が来る――【目次】

第1章　アメリカは100兆ドルの借金を踏み倒す

第2章　ドル覇権の崩壊が始まる

第3章　やっぱり金は3倍になる

第4章　国家は惜しみなく国民の資産を奪う

第5章　アメリカは内戦(市民戦争《シヴィル・ウォー》)で国家分裂するだろう

装幀――赤谷直宣
作図――ＣＡＰＳ
写真――ロイター／アフロ、
ＡＰ／アフロ、
時事、
毎日新聞／アフロ

第1章

アメリカは100兆ドルの借金を踏み倒す

アメリカはもうすぐ巨額借金を踏み倒す

私が、今書いているこの金融本の、骨格《こっかく》は、まず、、

(1) アメリカ政府は米国債の元利《がんり》支払い(償還《しょうかん》、リデンプション)をせず、踏み倒す。居直り強盗である。

これを、英語では、上品に、sovereign debt restructuring「ソブリン・デット・リストラクチュアリング」という。これは、「国家債務(ソブリン・デット)の再編(リストラクチュアリング)」と日本語に訳されるだけだ。このコトバの重大性を、日本の専門家たちは、全く誰も説明しない。この恐ろしい言葉の真の姿を、私たちに分かるように説明した者がいない。

だから、皆、ポカーンとしている。そのくせに経済記事で、このコトバが飛び交《か》っている。そのとき偉そうで難しそうな経済(学)議論を、したり顔で専門家顔《ヅラ》してやっている。この一番大事で超重要な、私たちの目の前に迫り来《き》つつある金融恐慌《きょうこう》と国家財政破綻《ざいせいはたん》の、真の姿であるこの「ソブリン・デットのリストラクチュアリング」が、実は「借金の踏み

アメリカの巨額借金（米国債）はいくらあるのか
＝
世界に流れ出して存在するドルの総量

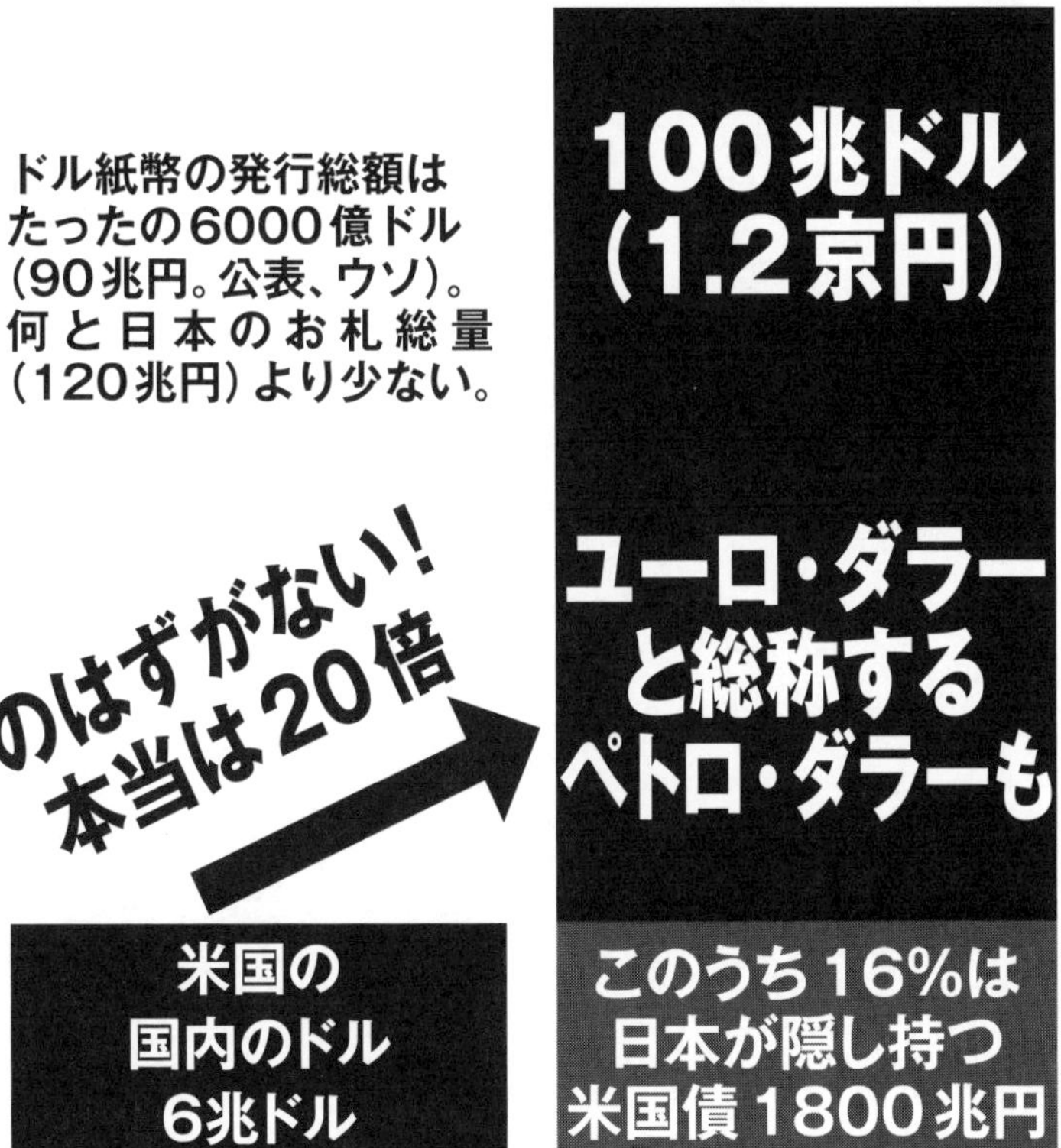
ドル紙幣の発行総額は
たったの6000億ドル
（90兆円。公表、ウソ）。
何と日本のお札総量
（120兆円）より少ない。
のはずがない！
本当は20倍
100兆ドル
（1.2京円）
ユーロ・ダラー
と総称する
ペトロ・ダラーも
米国の
国内のドル
6兆ドル
このうち16％は
日本が隠し持つ
米国債1800兆円

倒し」であることを、誰も言わない。

このことの重要性を、私は、自分の主催する金融セミナーで、必ず大声で怒鳴りながら説明する。だが、ほとんどの人は理解しない。何がそんなに大変（なことになること）なの？　と不思議そうにしている。だからこの金融本で、詳しく徹底的にやる。

それをどう書いたら分かって貰《もら》えるか、で、私はずっと苦しんでいる。もう3カ月のたうち回っている。

「そうなったら、お前たち日本の資産家（金持ち層）の金融資産も3割とかが、政府に奪い取られるんだよ」と私は言う。これが緊急《きんきゅう》金融統制《とうせい》令であり、（金持ち層への）**財産税《ざいさんぜい》**である。

米国内のドルの20倍のドルが世界に垂れ流されている

(2)　世界中に一体どれぐらいのドルが有るのか。誰も正確には分からない。米国の外側に流れ出している。膨大な量である。

米国内にあるドル5兆ドルの、実は20倍のドルが海外に流れ出している。この真実を語

米国金利の秘密

金利を高くせよ	金利を低下させよ
FRBタカ派（hawk ホーク）	FRBハト派（dove ダブ）
金融資本（ニューヨークの金融博奕《ばくち》人間たち）の手先たち	産業資本（まじめにモノづくりをしている企業たち）の味方

金利（interest, インタレスト）は、米国債の利回り（yield, イールド）と直結する。全ては米国債というアメリカの借金《しゃっきん》証書の問題だ。これを戦後80年間アメリカ政府は無限に刷って使い散らして来たことが全ての金融危機の原因だ

ると、世界は凍りつかなければいけない。だが誰もこのことに関心を示さない。金融の専門家たちも、何も言わない。

この米国外《がい》に存在するドルのことを、ユーロ・ダラー euro dollar と総称して言う。この膨大な自分の国の外側のドルをアメリカ政府は、管理できない。ニューヨーク連銀《れんぎん》（ここが通貨の管理当局だ）がその残高だけは把握している。だからアメリカ国内にこのドルを還流させようとしている。望むのはニューヨークの投機資本家たちである。だから金利を5・5％につり上げた。

その一部は日本政府は、秘密で、この50年間貢がされてきたアメリカへの円《えん》資金の、その見返りが、「100年物《もの》（100年後に返します）の米国債」の山だ。

この世界中に垂れ流されているドルが、高金利に引かれて、NYの金融市場に戻って来るように、今、実行している。だから、ドルだけが、他の主要国の通貨に対して高い（強い）という政策が行われている。ドル高・円安の動きの根本は、ここだ。

米国債10年物（長期金利）の利回り（直近6年）

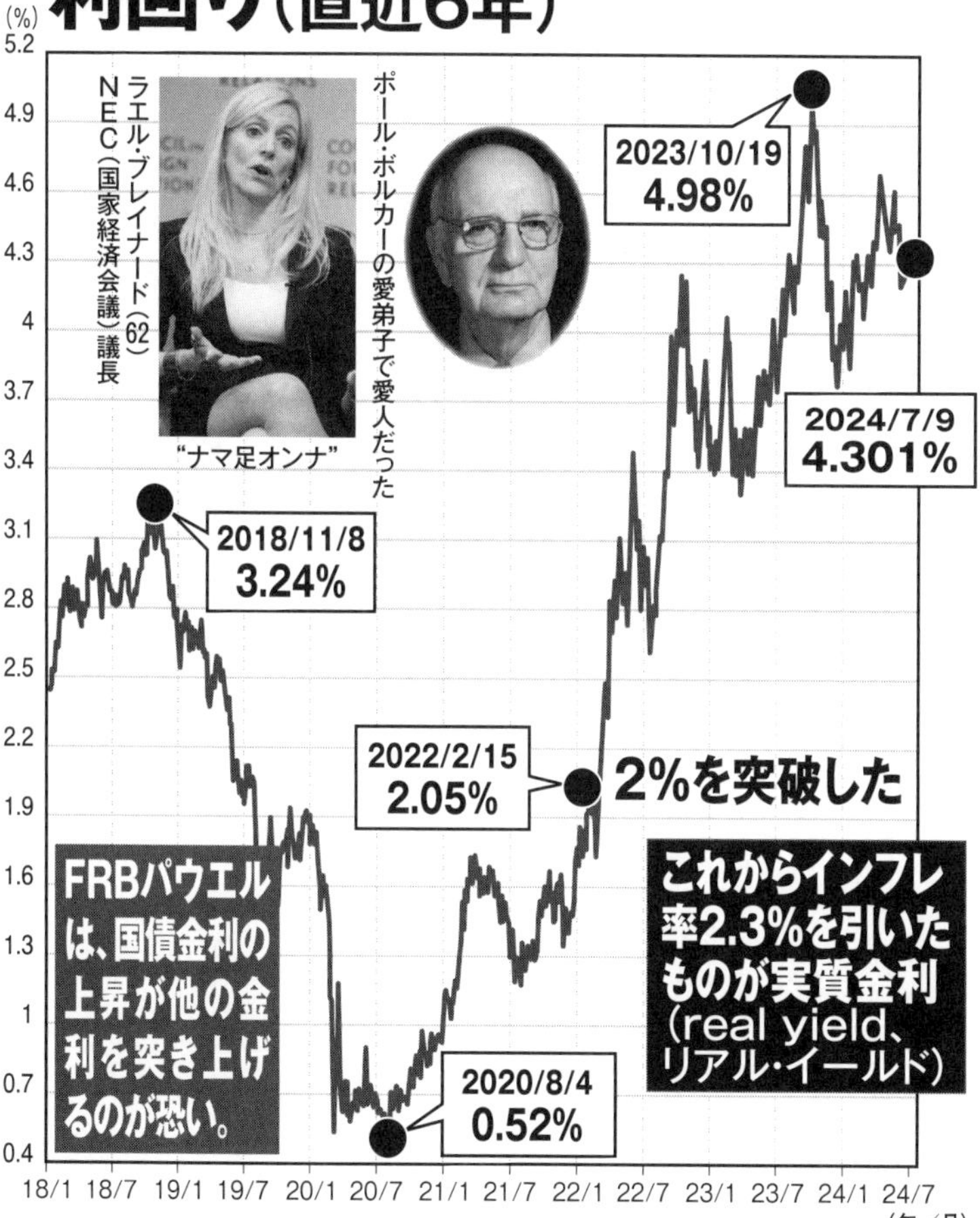

(%)
5.2
4.9
4.6
4.3
4
3.7
3.4
3.1
2.8
2.5
2.2
1.9
1.6
1.3
1
0.7
0.4
ラエル・ブレイナード（62）
NEC（国家経済会議）議長
"ナマ足オンナ"
ポール・ボルカーの愛弟子で愛人だった
2023/10/19
4.98%
2024/7/9
4.301%
2018/11/8
3.24%
2022/2/15
2.05%
2%を突破した
FRBパウエルは、国債金利の上昇が他の金利を突き上げるのが恐い。
これからインフレ率2.3%を引いたものが実質金利（real yield、リアル・イールド）
2020/8/4
0.52%
18/1 18/7 19/1 19/7 20/1 20/7 21/1 21/7 22/1 22/7 23/1 23/7 24/1 24/7
（年／月）

出所　FRB

金融タカ派とハト派はどこで争っているのか

ＮＹの金融博奕《ばくち》人間たちがこの、外国から還流《かんりゅう》してくるドルを大歓迎して使っている。だからアメリカのワルたちは、「金利を上げろ。もっと上げろ。ＦＲＢのパウエル議長よ。今の政策金利の年率５・５％では足りない。もっと上げろ」と喚《わめ》いている。こいつらを、金融タカ派（hawk ホーク）という。

彼らは表面上は、いつも言う（書く）。「（アメリカは）インフレがコワい。だからそれを引き締めるために金利を上げるのだ」と言っている。この説明ばっかり、日本人も日本の金融解説で、読まされる。テレビもこればっかりで説明する。皆、世界全体の金融のことは何が何だか分からない。その中心（帝都《ていと》）であるアメリカのニューヨーク金融市場で一体何が起きているのか、分からない。

それに対して、ハト派（緩和《かんわ》しろ派）がいる。アメリカの金融制度が壊れることを本気で心配している人たちだ。彼らは金融ハト派（dove ダブ）と呼ばれる。彼らは、正直に、

NY株 ウクライナ戦争はもう少ししたらロシアの勝ち

NYダウ 直近5年

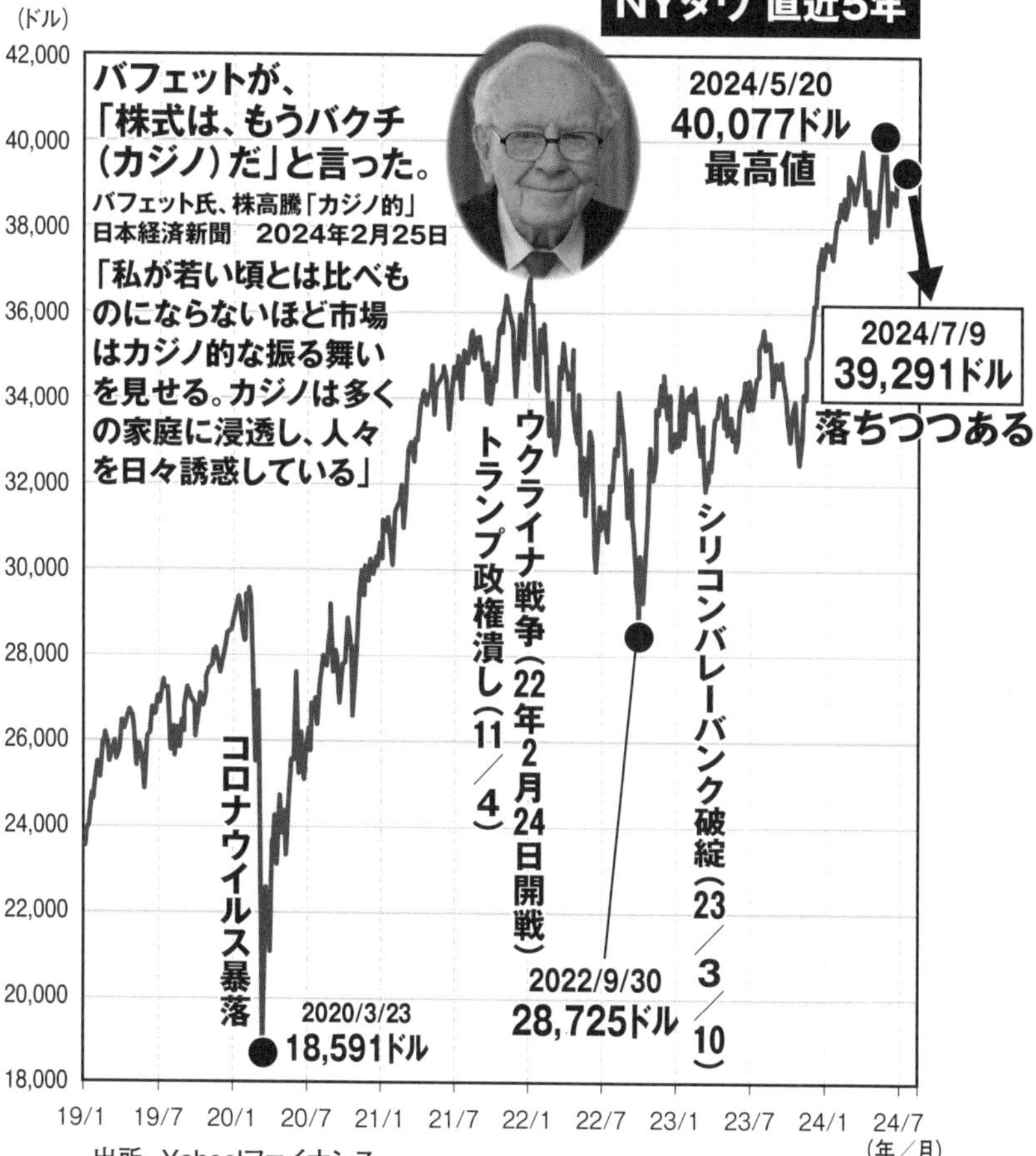

出所　Yahoo!ファイナンス

「アメリカは金融緩和《かんわ》を続けるしかないんだ。金利をどんどん下げないといけない。かつ、財務省とFRBは、もっと財政支出をしないと済まない。もっと米国債を発行し続けるしかない。足りない資金はさらなる米国債の発行で補てん（穴埋め）するしかない。それ以外には手はない」と言っている。

このハト派の方が大人《おとな》だ。故ポール・ボルカー（デイヴィッド・ロックフェラーの金融経済の大番頭。80年代のレーガン時代にずっとFRB議長だった）の系統の米財務省の官僚たちだ。このボルカーが若い頃、愛人にして育てたのが、ラエール・ブレイナード女史だ（P19に写真）。現在、彼女はNEC《エヌイーシー》（大統領直属の国家経済会議）の責任者だ。彼女がアメリカの予算を実質で組んでいる。アメリカ財務省の財務官僚たちを上から指揮しているのは、この女だ。

日本では、木原誠二《きはらせいじ》と島田隆《しまだたかし》が、やっている。「ああ、ほんとうにキツイなあ。こんなにアメリカにふんだくられると、日本は予算も組めないよ」と、苦しみながら国家予算を組み立てて執行している。

木原誠二が日本の予算を最高度で組んでいる。大蔵省（この名前に戻すべきだ）のトップたちと深刻に真剣に話し込みながらやっている。だから「日本は、金利を上げられないんだよー。ゼロ金利をやめるなんて出来ないんだ。10年物の国債の利回り（イールド）が、１％を超すと、もう利払いの計算が出来なくなる。財政破綻するんだよー」と。

だから、木原と大蔵省と日銀植田《うえだ》和男《かずお》が一緒になって、「日本はマイナス金利から脱却しました。しました」といいながら、実際には今も、ゼロ金利のママだ。ゼロ金利から脱出しました、というのはウソだ。

「日本は金融政策（マネタリー・ポリシー。中央銀行である日銀がやる）を転換しました」と言うのもウソだ。日本は金融緩和《かんわ》派（ハト派）のままであり、「いざとなったら、いくらでも金融支援（緩和マネー。日銀特需《とくじゅ》）を出します」という態度だ。

私、副島隆彦はこの日銀・大蔵そして岸田政権の今の政策態度を強く支持している。だから日本はこれでいい。このままでいい。ガマンにガマンで生きる。アメリカが崩れるまでずっとこのままだ。日本国民に多大の苦労を掛けながら、日本の為政者《いせいしゃ》たちは、ゼロ金利（やっとのことで政策《せいさく》金利を０・１％にした）のままで頑張っている。このことを日本国民が分からないことが、私はくやしい。日本国民は誰も本当の、この大きな真実を考えようとしない。このことが残念でならない。

アメリカの手先どもが、テレビ、新聞を使って日本政府（岸田政権）を腐《くさ》すことばっかりやっている。日本は、アメリカの金融市場が崩れ落ちるまで、我慢に我慢で、じっと待っているしかないのだ。これでいい。今のままでいい。

産業資本家は金利が低い方がいい

金利（インタレスト）とは何か。金利とは借りた金に付く負担だ。金利というのは、借りた方《ほう》からしてみたらとにかく、低い方がいい。金利というのは、「お金の値段」のことだ。お金にも高いお金と安いお金がある。世の中の商品と同じだ。分かりますかね？

産業資本家《さんぎょうしほんか》（企業の経営者たち）にとっては、金利はできるだけ低い（安い）方がいい。銀行から借りている融資金（会社の運転資金）の金利が少しでも上がるのが、経営者は、いやだ。０・１％でもほんの少しでも金利が上がるのがとにかく嫌いだ。この「経営者（産業資本家）にとって、金利は安い方がいい」という経済の原理（プリンシプル）を、まずしっかり分かりなさい。

パウエルは株式暴落が起きたら急激に金利を下げる

各国の政策金利（短期金利）

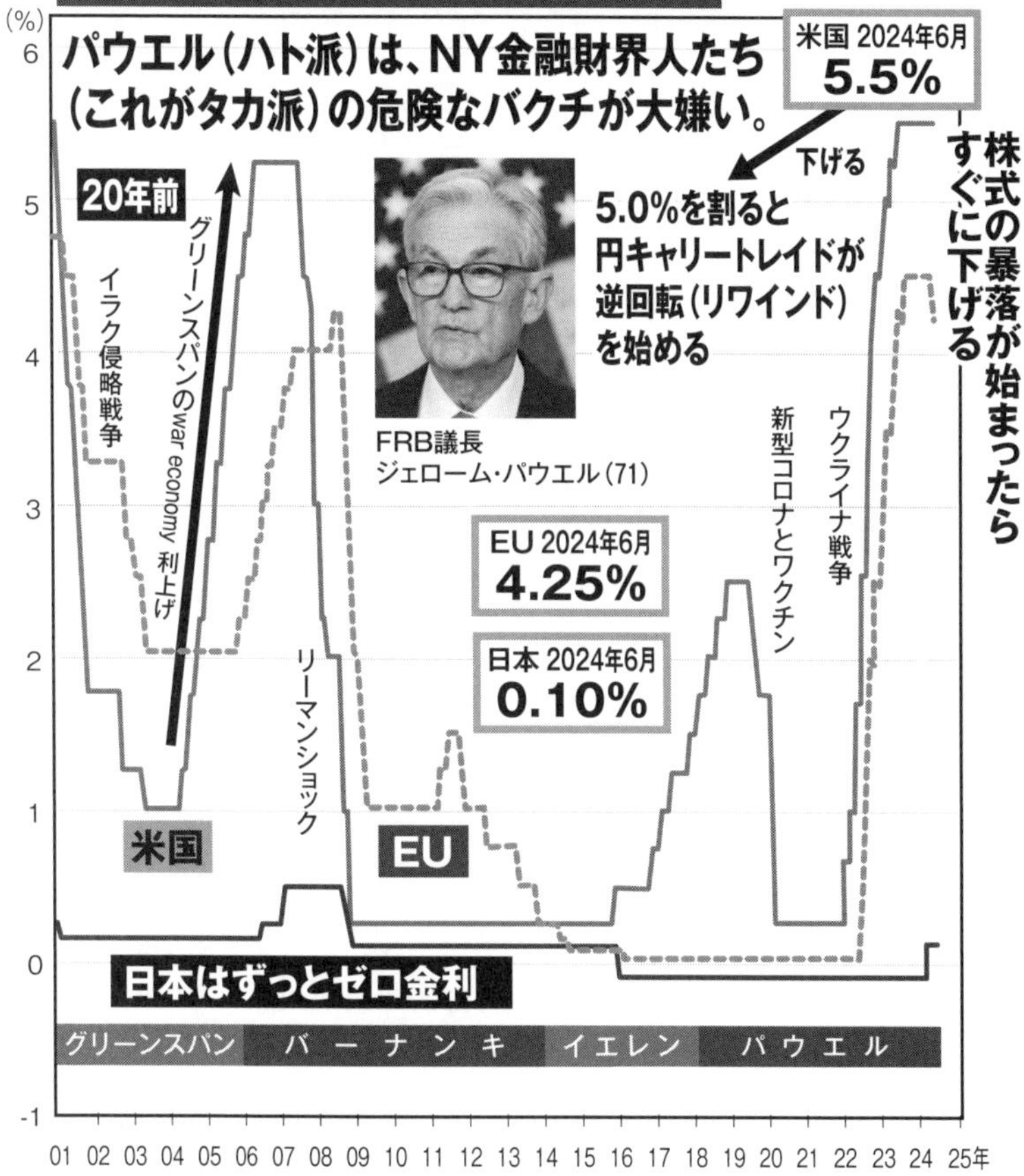

出所　各国中央銀行発表

産業資本家は、工場でもの作りをして商品を作って、お店を経営して、その売り上げと利益から、従業員の給料を苦労して払っている。その他の経費《けいひ》（一般管理費。オフィスの家賃とか電気代とか）を出している。このことが分からないと、他の偉そうな議論をいくらしても無意味だ。世の中の経済の仕組みの根本が分かったことにならない。

このことは住宅ローンを抱えて払っているサラリーマンたち（給与《きゅうよ》所得者）でも分かることだ。住宅ローンは安い（低い）方がいいのだ。少しでも安い方がいい。今は、住宅ローンは年率1％台（変動金利で）だ。こんなに住宅ローンの金利が低いのは近代資本主義《モダーンキャピタリスムス》が始まって以来、初めてだという。金利が安いのはとにかくいいことだ。

それでも消費者ローン（姿形《すがたかたち》を変えたサラ金）は、年率15％である。昔に比べれば安い。昔は、年率40％ぐらいのサラ金がたくさんあった。庶民にとって金利は安い方がいいのだ。

それに対して、高《こう》金利を喜ぶ人たちがいる。いわゆる債権者（クレディター）と呼ばれる「資金の出し手」たちだ。彼らは金儲けにだけ執着する、強欲人間たちである。この金融博奕《ばくち》人間たちは、生来の歪んだ精神もあって、博奕の種銭《たねぜに》の金利は高いほうがいい。この者たちが、今のまだ世界帝国である金融の城であるNYに集まっている。そして、彼らが、度を越した金融博奕《ばくち》をする。だから、必ず近いうちに市場が破裂を起こす。彼らは、先物《さきもの》取引と言って、「自分が持ってもいないものを、売る」。売りと買いの差金《さきん》にしか興味がない。この理屈をどこまでも拡張する。

自分の手持ちのおカネを何十倍にでも膨らます。そして金融バクチをする。それが世界に災《わざわ》いをもたらす。現在、世界中の債務《さいむ》（世界借金。world debt ワールド・デット）は、377兆ドルである。ここまで膨らんでいる。これは2010年には、80兆ドルだった。この15年間で、世界のアブク銭が4・5倍にまで膨らんだ。377兆ドルである。この膨大な、人間の強欲から生まれてしまった資金の残高、このことを、世界で、真面目で頭のいい人間たちは、心配している。

アメリカ政府だけはどこまででも、どれだけでも、自国通貨（米ドル）を印刷して、政府の予算が足りなかったら、いつでもどれだけでも米国債（総称してナショナル・ボンド。TB《ティービー》 米財務省証券《トレジャリー・ビル》）を発行してきた。それが、ケインズ経済学の教えだ、となっている。

ケインズ博士は、草場の陰で、「馬鹿ども目が。やっぱりこういうことをしたか。私には初めから分かっていたよ、お前たちがやるだろうことが」と嘆いている。ケインズは「どうしても他に方策がない時にだけ、政府が負債を抱える形で借金証書（国債）を発行せよ」と言った。しかしアメリカ政府はこの原則を守らなかった。

安価な円を使った円キャリートレイドが逆回転を起こす

アメリカの強欲人間たちは、前記の「海外にある、アメリカ国内にあるドルの実に20倍のドル」を、金利を高くすることで世界中からNYに呼び戻して、それを使いたい。そしてそれを今、実行している。だから、1ドル＝160円の円安ドル高なのだ。アメリカのゴロツキの、金融博奕《ばくち》人間どもが、まさしくこのタカ派《ホーク》である。

「もっともっと金利を上げろ。金融市場を過熱させよ。そうすれば景気は回復する、不況にはならない。ガンガン、吹かせばいいのだ。それが人間の欲望を肯定する資本主義というものだ」と考えて実行している。

それに対して、「これ以上の国家債務（米国債の発行）には、アメリカの国家財政は耐えられません」と真面目な米財務官僚たち（ボルカー派）は分かっている。

だから、「なぜこんなに円安（1ドル＝160円まで行った（4月29日、6月28日には161円）。他の国々も同じだ）になるのか」が分かるだろう。ニューヨークで借りられる「年率0・9％の安価な円資金を使って、それで米国の年率5・5％の高利の債券《ボンド》を買って運用」しさえすれば、その差額で自動的に儲かる。これを、「円キャリートレイド（取引）」という。

しかしこの金利差《さ》（スプレッド）が、4％を割ってくると、円キャリートレイドはできなくなる。今のところは、金利差が4・6％ある。しかし、FRBが利下げに、もうすぐ動く。そうすると政策金利（短期金利）は、5％台を割る。同時に、10年物の米国債の利回り《イールド》（長期金利）も、それに連れて4％台になる。そうなると円キャリートレイドは、逆《ぎゃく》回転（リワインド）を起こす。

彼らは世界規模の金融博奕《ばくち》を毎日山ほど、やっている。ただし、この動きを、どこまで続けることが出来るか、だ。彼らは超《ちょう》財界人でありまさにザ・ディープステイトそのものだ。

(1)で書いた、あまりにも刷り過ぎた（発行して垂れ流した）米国債を、どうやって返済するか、償還できるのか。できない。その前に、信用崩壊が起きる。ここのところの闘いを、今、人類はやっているのだ。皆、このことを分かりなさい。

貧乏諸国の借金踏み倒しが始まる

(3)は、新興国（貧乏国たち）70カ国ぐらいが、ＩＭＦ＝世界銀行からの長年の借款《しゃっかん》（救済融資）と大量の自国発行の国債（借金証書）を抱えている。その償還が出来ずに、今にも国家破産《こっかはさん》（ナショナル・デフォールト）しそうだ。その筆頭は南米のアルゼンチンだ。このアルゼンチン国《こく》を筆頭とする貧乏国たちは、強国であるアメリカのように「借金を踏み倒す」ことは出来ない。それでもＩＭＦ＝世銀から借りている膨大な借款を、「もう、返しません。返す気が有りません」ともうすぐ宣言しそうである。

アルゼンチン（もう8回、これまでに破産した）を筆頭にして、「外国からの借金をチャラ、パーにしてくれ」と、騒ぎ出そうとしている。これらの貧乏国の債務（借金）は、

国家も破産するんだ!

企業が破産すると負債(借金)を返済しなくてもいいのと同じだ!

2015年ギリシア国家破綻

ギリシアのバルファキス財務長官がギリシア債務をパーにしろと主張

↓

EUとIMFとアメリカが怒ってバルファキスの首を切った

ほとんどが米ドル建てである。

それをわざと捻《ね》じ曲げる議論をして、中国からの世界中貧乏諸国への開発借款《かいはつしゃっかん》を「債務の罠《わな》」(debt trap《デット・トラップ》)だ、と盛んに書いている。彼ら日本人の専門家や記者たちは、アメリカの手先を通り越して、統一教会(Moonies ムーニー)だ。

私の、今度の金融本では、次のことを重視する。それは2015年1月に起きた(9年前だ)、ギリシアの国家破綻の時に登場した、ヤニス・バルファキス(1961年生)という勇敢な経済学者が、ツィプラス左翼救国《きゅうこく》政権の財務相(ファイナンス・ミニスター)になった(6月)。そして彼は、「ギリシア国は、破産しました。従って、民間企業と同じく、破産手続きを取ります。ギリシア政府は諸外国からの借金をほとんど返しません」と宣言した。この「国家も破産する。その時、それまでの借金は消える」という経済理論を、本当に、バルファキスは実行しようとした。そして、EUとIMFとアメリカ政府の激しい怒りを買って辞任させられた(2015年7月6日)。ドイツ銀行は、「ギリシア政府がそんな態度に出るなら、借金のカタに、アテネのパルテノン神殿を差し押える」と言った。パルテノン神殿を訪れる観光客からの収入をドイツ銀行が取る、という意味だ。この時は、盟友であるツィプラス首相が、バルファキス財務相を、「国民投票（ナショナル・レファレンダム）にかけて、賛成多数」という茶番劇で首を切った形にした。やがてツィプラス政権も崩壊させられた。このバルファキスの画期的で優れた宣言が、これから世界中で生きて来る。

２０２４年の今、G20（ジー・トゥエンティ）が、この「国家が破産した時に、どうやって債務（借款）をパー、チャラにすることを認めるか」の議論を始めている。G20は、G7とちがって、韓国、サウジアラビアのような新興国が入っている。国家破産の危機はいつでも起こり得る。「パリ債権者会議《さいけんしゃ》」という世界の本当の支配者たちが、隠然《いんぜん》と作っている、〝Paris Club〟「パリ・クラブ」なるものがある。これが超《ちょう》財界人（ザ・ディープステイト）である。彼らの主要な個人名は決して表《おもて》に出ることはない。このパリ債権者会議がやがて壊れる、ということだ。もう、欧米白人たちが世界を支配する時代ではなくなるのである。

アメリカは、強国で大国だから借金を踏み倒す。しかし小国たちは、夜逃げ（run

away ランナウェイ）することを考える。破綻（破産）した企業経営者たちは、本当に夜逃げをする。裁判所で開かれる債権者会議に現われる（出頭する）ことはなく、ひとりで社長の車（古いベンツ）を運転して伊豆半島とかのボロ別荘地に逃亡して、ここに隠れ棲《す》む。すでに大きな迷惑をかけた親、兄弟、親戚、友人、同業者、発注先、そして銀行などに顔向けできない。もう一生、都会に出て公然と動き回ることはできない。「負債総額80億円」とかの罪《つみ》を背負って、残生《ざんせい》をひっそりと生きる。あとは裁判所が任命する破産管財《かんざい》人《にん》となった弁護士が、破産手続きの残務をする。これと全く同じことが個々の国家（政府）でも起きる、ということだ。

小国（貧乏国）たちはそれでも借金を返せない。小国の国民は、塗炭の苦しみを味わう。このことを最も分かり易く言うと「借金を返せないのなら、娘が、女郎屋《じょろうや》（ソープランド）に売られる」。男なら、「マグロ漁船に乗って来いや」の世界だ。このことが分かって、初めて、世界の金融なるものも私たちは実感で分かるのだ。

アメリカの不動産が暴落している

(4)は、アメリカで不動産の下落が始まった、だ。アメリカ国内の全州で不動産が下落している。ＮＹの大都市のアパート価格が下落、暴落を始めている、という事実だ。この４月から決定的になった。３月22日付のＦＴ（フィナンシャル・タイムズ）紙の記事で、「ＮＹ（ニューヨーク）では商業ビルは60％の下落をしている。全米の住宅地では、33％の下落をしている」とある。記事を載せる。これは、ＲＭＢＳ《アールエムビーエス》（住宅抵当証券）の一種である商業ビル用のＣＲＭＢＳという、マネタイズ（証券化）したハイリスク債券が市場でボロくず債券（ハイリスク・ノーリターン債）になって今も流通している。それが他の主要な金融市場と直結する。これらの大親分が、(1)で書いた米国債だ。

アメリカの商業用不動産（大都市の高層ビル）が暴落を始めている。

「米国の地方銀行で再び経営不安の兆し、融資しているドイツ銀行にも」

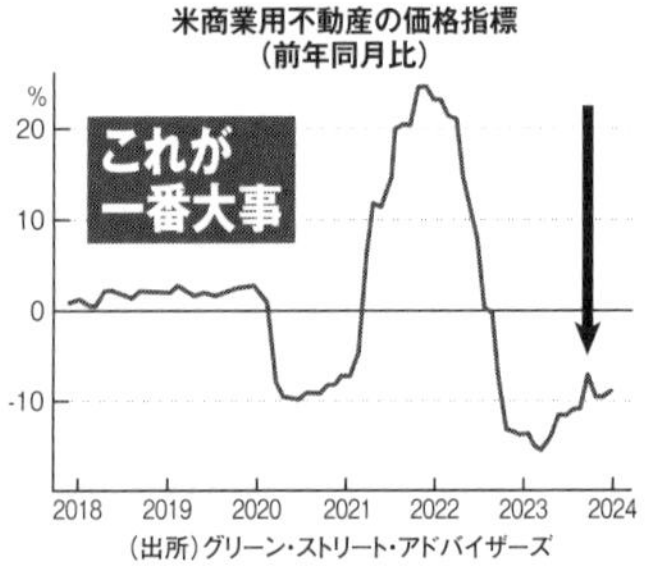

(出所)グリーン・ストリート・アドバイザーズ

長らく続いていた低金利環境で、米国では利回りを求めて不動産投資ブームが起きた。しかし、在宅勤務の定着やネット通販の普及でオフィスやショッピングモールの需要はコロナ禍明け後も戻りが鈍い。FRBが22年春に始めた急ピッチの利上げもあって、不動産価格は下落した。不動産投資会社が借り換え負担に耐えられずにローン返済を断念する事例が頻発している。

日本経済新聞 2024年2月2日

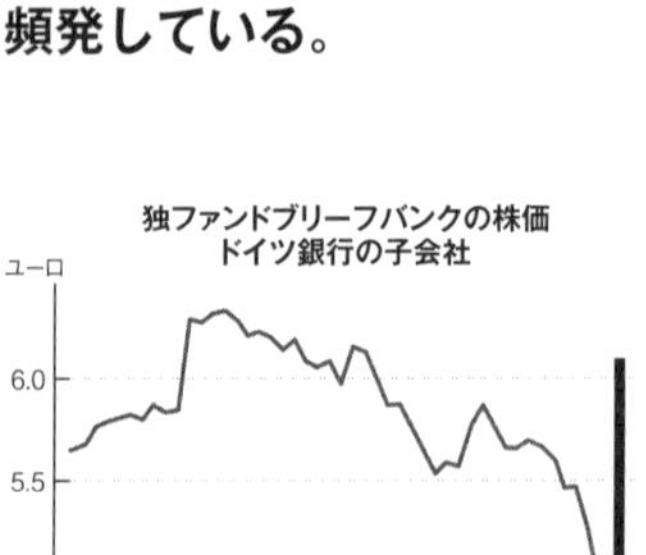

NYCBの大型損失で、関連損失の追加発生に市場が疑心暗鬼となり、ドイツ銀行に飛び火。
米商業用不動産向けの融資額は子会社のファンドブリーフ銀行が49億ユーロ。

日本経済新聞 2024年2月8日

『米商業用不動産、損失確定を』　ＦＴ紙　ジリアン・テット記者

カナダの保険会社マニュライフが普段注目を集めることはあまりない。しかし、同社は３月20日、不動産業界に激震を走らせた。

米連邦準備理事会（ＦＲＢ）のパウエル議長が「政策金利を５・25〜５・５％に据え置く」と発表する直前に、マニュライフのコリン・シンプソン最高財務責任者（ＣＦＯ）は同社が米国のオフィス投資の評価額を新型コロナウイルスのパンデミック（世界的大流行）前のピークから40％切り下げたことを明らかにした。

「我々の不動産ポートフォリオはそれなりに質が高く、かなり底堅いと思いたい」。シンプソン氏は米ブルームバーグ通信の取材でこう語った。「だが、金利上昇とオフィス回帰を取り巻くトレンドの構造的要因のために困難な市場となっている」。つまり、在宅勤務の定着が尾を引いているということだ。

続いてきた債務返済の繰り延べ

一見すると、40％（の評価切り下げ《デヴァリュエイション》）というのは大きな数字だから、恐ろしい状況

に思える。だが、実際には投資家は喜ぶべきだ。良い知らせは、マニュライフはまだ比較的資金が潤沢で、この打撃なら吸収できる。それより重要な2つ目のポイントは、マニュライフの動きは、業界の一部企業がようやく**米国の商業用不動産の価格下落について正直になり始めた**ことを示していることだ。

これは歓迎すべきだ。遅きに失した感がある。というのも、ここ数カ月で米国の利下げへの期待が強まるなか、商業用不動産は企業を弱らせる。「エクステンド・アンド・プリテンド」extend and pretend（債務返済を銀行に繰り延べしてもらい、それでも問題がないふりをすること）のパターンに陥ったからだ。貸し手（銀行たち）はFRBによる将来の奇跡的な救済を期待し、返済に問題がある（商業ビル用の）ローンの期限を延長してきた。

しかし、3月20日のFRBの政策決定会合は重要な点を浮き彫りにした。パウエル氏の優先事項は今、商業用不動産を守ることではない。消費活動が依然驚くほど活発で、物価上昇率が3％前後で横ばいになっている今、特にインフレを制御することだ。そこで持ち上がる極めて大きな問題は、あと何社くらいの企業がマニュライフの先例にならうか、だ。過去10年間続いた超《ちょう》低金利という宴《うたげ》が終わった。このあとの「二日酔い」にどう対処するかだ。

その答えが重要なのは、（アメリカの）金融システムが現在、低利の商業用不動産ローンの山に悩まされているからだ。米不動産サービス会社ニューマーク・グループの昨年の調査によると、このローンの半分以上が銀行が融資したものだった。FRBがパンデミック中に金利をほぼゼロにした時には、特に地銀《ちぎん》（副島注記。アメリカの主要な地方銀行。50州でそれぞれのトップバンクたち）が融資に走った。

しかし、資金はノンバンクや商業用不動産ローン担保証券（CMBS）セクターからも流れ込み、多くの場合、様々な債権がローン担保証券（CLO　コラテラライズド・ローン・オブリゲイション）に証券化された。米金融大手ゴールドマン・サックスによると、「**コロナ禍以降、商業用不動産の価値は平均で33%下落し、一部の地域（ニューヨークとか）では主にオフィスビルの価値が最大で60%下落した。**また、質の高い物件に対する需要は依然高いが、質の低いビルの先行きは暗い」と。

顕在化した痛みは少なく

痛みの兆しは資本市場に出ている。3月半ばには、CLOで返済の延滞が急増していることが明らかになった。一部の銀行もストレス（信用不安）を抱えている。米地銀ニューヨーク・コミュニティ・バンコープ（NYCB）は最近、商業用不動産関連の損失のために10億ドル（約1500億円）の緊急増資に追い込まれた。米投資会社クラロス・グループは、3月19日、「米国の既存銀行4500社のうち250社以上の小規模銀行が脆弱な立場にある」と警告した。

目を引くのは火種《ひだね》が生じたことではない。これまで顕在化した痛みがいかに少ないかだ。一つは、資本市場の貸し手が不良債権化したローンを繰り延べ（ロール・オーヴァー）しているため。ニューマーク社は最近、顧客に対して「(契約当初の償還期限に基づく）推定1630億ドルの2023年満期CMBSのうち、833億ドルが（返済されずに）まだ残っている」と述べた。つまり、「借り手が返済延長オプションを行使した」と。

銀行は辛抱強い態度を示している。ゴールドマンは、「2023年に返済期限を迎える予定だった２７００億ドル（40兆円）相当の商業用不動産ローンが24年に繰り延べられた」と推計している。その結果、記録的に積み上がった低利融資（年率２％台だった）が今年、返済期限を迎えることになる。ニューマークでは、返済に問題がある商業用不動産ローン債務が現在１・３兆ドル（２００兆円）前後あり、そのうち６７００億ドル（１００兆円）相当が今後２年間で返済期限を迎えると試算している。

さらに、この債務の山の３分の１前後がパンデミック下で金利が最も低かった時に借りたローンだと同社は指摘する。このため、パウエル議長が３月20日に示唆したように、ＦＲＢがこの夏に利下げを実施したとしても、こうした借り手はリファイナンス（借り換え）ショックに見舞われる。あるＦＲＢ理事の政策金利予想（中央値）では「金利は今年末に４・６％、25年末に３・９％、26年末に３・１％になる見通し」だからだ。

それでは、次に何が起きるか。２００８年の金融危機（リーマン・ショック）の再来はありそうにない。銀行システム全体は自己資本（内《ない》部留保《ぶりゅうほ》）が充実しており、昨年（２０２３年３月）の米地銀シリコンバレーバンク（ＳＶＢ《エスヴィビー》）の破綻以降、ＦＲＢ

は危機を抑制できるようにする制度の構築に奔走した。このため、08年のショックは貸し手と借り手が痛みを受けたのに対し、今日の危機は主に債権者（クレディター。資本の本当の出し手たち）が痛みを受けることになる。

FRBのタカ派姿勢続けばゆがみ是正

問題は、返済の繰り延べが続く限り、不確実性《アンサーテンティ》が不動産業界につきまとい、米国の経済成長を損なう恐れがあることだ。今は、（マニュライフ社が実施したように）貸し手と借り手が自社の損失についての透明性を高め、評価損《そん》を処理すると共に、価値が毀損《きそん》した不動産の売買を促す必要がある。その時になって初めて、不要なビルを解体するか、別の用途（個人用住居。集合高層《タワー》レジデンス）に改築することによってコロナ禍時代の行き過ぎが解消される。

この意味では、FRBが3月20日に金利を据え置いたことは良い知らせだ。実際、筆者（ジリアン・テット女史）は、FRBはもっと長くタカ派的な姿勢を継続した方がいいと考えている。金利が適正な水準（副島注記。8%とかのかなりの高金利）になる。その時、投資家が、深刻な事態に陥ったら（これまでと同じく）中央銀行が市場を下支えしてくれる（中央銀行が助けてくれる）「ＦＲＢプット」に、もはや頼れない世界（が必ず来ること）に慣れる必要がある。もし不動産市場でそれが起きた時には、過去10年間のゆがみはついに終わりを迎える。

（ＦＴ、２０２４年3月22日、ジリアン・テット Gillian Tett 記者）

この最後の「過去10年間のゆがみがついに終わりを迎える」とは、超《ちょう》高金利が起きてアメリカの金融市場は崩壊する、ということだ。それをジリアン・テット記者は、柔《やわら》かく控《ひか》え目に警告するだけにとどめている。

アメリカは内戦になって多数の国民が死ぬ

そして、(5)が、アメリカ国内政治が動乱状況になることだ。11月5日のアメリカ大統領選挙は、まともに行えない。きっと、また、巨大な不正選挙（voter fraud ヴォウター・フロード）を実行する。その前の9月頃から、アメリカは、内乱、内戦状態になるだろう。

トランプ支持派のアメリカ国民1億人が、もう黙っていない。おそらく数万人の若者が、銃撃戦で死ぬだろう。

7月15～18日に米共和党《リパブリカン》の党大会がある。北部のウィスコンシン州のミルウォーキーで開催される。共和党の大統領候補はトランプで大きく一致しているので大きな混乱はない。トランプ本人の忍耐強いガンバリで、ここまで、共和党を一致団結させてきた。トランプという人間のものすごい個人的な力である。ドナルド・トランプは、これまでアメリカ国民を一度も裏切っていない。だから国民（民衆）のトランプへの強力な支援が続いている。

トランプは、アメリカ政治の本当の本物の populism ポピュリズム（民衆《みんしゅう》主義）の伝統に従って、「アメリカ政治を支配している特権階級（超《ちょう》財界人たち）を打ち倒せ」と主張し続けている。だからトランプ勢力のアメリカ国民は強い。邪悪なザ・ディープステイト The Deep State どもの策略に負けない。

その共和党大会の4日前に行われるはずだったNYの連邦裁判所での、トランプへの嫌がらせ裁判たちではトランプの身柄拘束に至らない。5月30日に評決（verdict ヴァーディクト）で陪審（jury ジュリー）で有罪判決が出ていた。しかし、実際には7月11日の「量刑の言い渡し《センテンシング》」は9月に延期された。こんなものでトランプを捕えて刑務所に入れる

トランプを絶対に再選させられない。誰たちが？

習近平（71）

ドナルド・トランプ（78）

また不正選挙（11月5日）をやるだろう（副島）。

2024年4月発売
秀和システム

ウラジーミル・プーチン（72）

この3人の先生（メンター）だった
ヘンリー・キッシンジャー（享年100歳）
2023年11月29日死去

ことはできない。そんな事態になったら、全米各地でただちに銃撃戦が起きて、アメリカ国内は内乱内戦（civil war《シヴィル・ウォー》）状態に突入する。

それでも8月19日から始まる米民主党の党大会（ナショナル・コンヴェンション）は大荒れになるだろう。会場はイリノイ州の大都市シカゴだ。この会場に、数万人の、怒れる貧しい若い労働者と学生たちが押し掛ける。アメリカを支配するザ・ディープステイト（超《ちょう》財界人と軍産複合体《ぐんさんふくごうたい》と法曹《ほうそう》）に対する激しい憎しみが限界まで来ている。ロバート・〝ボビー〟・ケネディJr（71歳。父親は１９６８年に殺された）が、この会場に来るかもしれない。やっぱり騒乱状態になる。警察（ライオット・ポリス。暴動鎮圧用の機動隊）だけでなく州兵（ナショナル・ガード）までも出動するだろう。ＦＥＭＡ《フィーマ》（非常事態庁）も。

トランプ大統領の、まだ生き残っている不屈の側近たちは本気で考えている。もし、彼らディープステイトがすんなり大統領選挙の結果を認めて、権力を明け渡す時は、就任したその日に、戒厳令《マーシャル・ラー》を発令して、ディープステイトの主要な人間たち数万人を、ただちに国家反逆罪で、逮捕、拘束する。とくに、今は、マイアミの連邦刑務所に入っているピーター・ナヴァロ元補佐官（カリフォルニア大学アーバイン校教授）は、筋を通したことで、学生たちからも尊敬されている。
金融政策としては、トランプ・チームはただちに、ドルの切り下げ（まず25％切り下げる）を実行する。この構想はすでに周囲に知られている。その時は、「ドルは暴落する」では済まない。これらのことを、日本人は分かるべきだ。単に、私、副島隆彦の煽動《せんどう》言論ではありません。これは冷静で客観的な近《きん》未来予測だ。

⑹は、ロシアと中国の動きである。前述したが、5月16日にプーチンが北京に行って、習近平と首脳会談をした。この場でウクライナ戦争の停戦（シース・ファイア）のことも当然話した。その他にここまで私がずっと書いて来た、「アメリカの金融崩れから、世界通貨体制が変わる」の話もしただろう。

〝ドルの大下落〟のその背景は、米国債の世界的な債券暴落（金利は急上昇）である。米国債の投げ売りの始まりが起きる。これは世界にただちに連鎖する。今の為替の無理やりのドル高とNYの株高は、従ってアメリカの金融崩れの予兆《よちょう》だ。日本は、今や世界政治の実力では、アメリカの属国（従属国、朝貢国）をやり過ぎて、準《じゅん》大国にまで落ちてしまった国だ。だから日本はアメリカを相手に闘えない。NYの金融市場で、ドルと米国債を、日本政府（大蔵省と日銀）がさっさと大量に売り払って、それで日本が先頭に立ってアメリカのドル覇権 the US dollar hegemony「ザ・ユーエス・ダラー・ヘジェモニー」を突き崩《くず》すなど、出来るわけがない。このことも、重々、承知の上で、私、副島隆彦は、これまでもう30年間ずっと金融分析を行ってきた。

日本政府（大蔵省と日銀）が、手持ちの米国債の1割でも、NY金融市場で一気に、1兆ドル（150兆円分）ぐらい売ったら、本当にアメリカの金融市場（NYとシカゴの先物市場）はすぐに崩壊する。

アメリカ政府がそんなことを許すはずがない。この時は、アメリカ政府（大統領府《ホワイトハウス》と米財務省《トレジャリー》）は、ただちに、サーキット・ブレイカーどころか、国際緊急経済権限法（こういう法律が実際に有る）を発令する。そしてNYの債券市場でその日本による大量の米国債売りを、一瞬で、凍結《とうけつ》（フリーズ）する。そしてその取引を無効とし消し去る。大量のドル売りなど無かったことにする。同じく中国が米国債の大量償却（売り）を行っても同じことをする。サウジアラビアが行っても同じようにする。そのための特別な法律のことを、私は、自分の2年前の本に書いた。

ドル下落（ドル安）は アメリカの運命である

1980年から長期44年間

出所　東洋経済「統計月報」から作成

たとえば1000億ドル（14兆円）とかの米国債を、中国政府と中国人民銀行が一気にどっと売りに出したら、どうするか。アメリカは、その売りを一瞬のうちに凍結する、という法律を持っている。それが、国際緊急経済権限法（International Emergency Powers Act）という法律である。1977年に施行された。恐ろしい法律である。日本国内でこのことを書くのは私だけだ。

一瞬のうちに、その取引を凍結させる。取り引き停止どころか、取引自体がなかったことになる。つまり中国側が50兆円分（3500億ドル）の米国債を、ニューヨークの債券市場でまとめて売る動きに出たら、その取引自体を消滅させる。NYの金融市場を守るために、どころかアメリカの国体《こくたい》（国家体制）を守るため、緊急事態の法律で公然と経済法則をゆがめるのである。

アメリカはいざとなったらここまでやる。市場原理（マーケット・プリンシプル）や、近代市民社会の原理である私的財産権（プライヴェット・プロパティ）の保障の原理を打ち壊してでも国家を守る。

（『金融暴落は続く。今こそ金を買いなさい』祥伝社、P105〜106）

この米国の「国際緊急経済権限法」（1977年制定）は、〝ニクソン・ドルショック〟（1971年8月）のアメリカの金融混乱を回避するために、金融経済とは関係ないはずのキッシンジャー国務長官たちが、政治外交の方から口出しをして作った法律である。国家（政府）はいざとなったら、自ら金融秩序（体制）を停止（サスペンド）する。

トランプはドルを切り下げる

再度書くが、アメリカのトランプ大統領の忠実な側近たちは、11月に、大統領選挙に勝って、正当に権力の座に戻ったら、ただちに、「ドルの切り下げ（US dollar devaluation《デヴァリュエイション》）25%」の大胆な政策を実行する気でいる。トランプはアメリカ国民の80%の支持を受けている。

このことは、今や公然たる事実である。そうなれば、1ドル＝100円を割る、どころではない。米ドルは、80円、60円、40円と、どんどん下落してゆく。今のアメリカは、このような国内重視の内向きの政策しかできない。NATO《ネイトー》からも脱退する。そうしたら今のヨーロッパとの軍事同盟であるNATO（北大西洋条約機構）はすぐに崩壊、消滅する。アメリカはヨーロッパを守る義務など負担しない。そんな余裕はない。

これは、America first！「アメリカ・ファースト！」政策の実施である。このアメリカ・ファースト！を、私、副島隆彦が、もう10年前から、ずっと「こらバカども。これを、アメリカが一番、とかアメリカ第一主義と訳すのは、誤訳《ごやく》を通り越して、低能《ていのう》、低知能の訳語だ」とずっと、怒ってきた。正しくは、アメリカ・ファースト！は、「アメリカ国《こく》内優先主義《ないゆうせんしゅぎ》」と訳すべきなのだ。アメリカの国内のことを優先する。外国のことは、二の次（secondary セカンダリー）だ。first《ファースト》ではない。このように私は、ずっと書いてきた。今もまだ私のこの指摘に、恥入ろうとしない。合わせて、トランプのことをポピュリズムだと、書くのはいい。だが、このポピュリズム populism は、そのまま「民衆主義《みんしゅう》」と訳せばいいのだ。「民衆、国民大衆の強い支持に依拠した政治指導者」という意味だ。日本の知識層どもはアメリカ政治の中の長いポピュリスト populist「民衆主義者」の苦闘の歴史を何も知らないのだ。私の本を読め。今もポピュリズムを「大衆迎合《げいごう》主義」と意地でも訳し続ける新聞記者どもよ。覚悟していろ。

アメリカは国内問題が山積していて、とても、もう、諸外国を支配し管理している暇《ひま》も余裕もない。世界の警察官（ワールド・ポリスあるいはグローバル・コップ）をやる力も資金もない。だから、トランプは、「現在世界中に置いている米軍基地も、全部、アメリカの領土に戻せ」、と言っている。アメリカの国境線内の領土、領海の内側だ。太平洋ならグアムまでがアメリカ領土だ。米軍の軍人たちも、「もう自分の国に帰りたい。外国になんかいたくない。いくらドイツや日本にいて生活待遇がよくても、もう飽き飽きだ。自分の国を守るためなら死ぬ気で戦うけど、外国のことなど知ったことではない」と思っている。

アメリカの軍人はもう戦争をする気がない。外国での戦争で死ぬのがいやだ。だからウクライナに軍事支援で、山ほど、アメリカ製の武器弾薬を送っている。それは軍需《ぐんじゅ》産業がやることだ。それでアメリカ経済が回っている。だが自分たちはもう外国で死にたくない。これが、アイソレイショニズム　isolationism である。これも✖孤立主義と訳すな。本当は、こっちも、アメリカ国内優先《ゆうせん》主義だ。外国のことは2の次主義のことである。アメリカ・ファースト！とアイソレイショニズムは同じ考えだ。私はこれらのアメリカの政治思想のことも私の主著である『世界覇権国アメリカを動かす政治家と知識人たち』（講談社＋α文庫、２００１年刊。初版は１９９５年刊。筑摩書房）に書いて詳しく説明した。もう今から30年前だぞ。

国家が借金を踏み倒す時代が始まる

国家（政府）が、借金を返さない、借りたものを返さない動きが始まったということである。借金（国家債務）を踏み倒して、パー、チャラ、にする動きだ。

まず貧乏国家の代表であるアルゼンチン国が、これを強行、断行する。アルゼンチン政府はアメリカの民間大銀行たちから借りている55億ドル（８０００億円）をまず手始めにする気らしい。アルゼンチンは南米の大国であり、白人国家である。かつては（50年前は）、豊かな先進国だった。それが、政治抗争と国政の梶取りの失敗で、すっかり貧困国になった。もう8回も国家破産の宣言をしている。

ここまで私が書いてきたとおり、国家もデフォールト（破産、債務不履行《ふりこう》）にする。そして、すべての国家債務を棒引きにしてもらう、いやさせる。この動きが公然と出て来た。

ニューヨーク市のような大きな自治体（現代の都市国家）が、同じく、破産宣言をしてこれまでの借金をパー、チャラにする動きも出ている。と以下に載せるＦＴ（フィナンシャル・タイムズ）のジリアン・テット女史の3月8日の記事に書いてある。この記事は非常に重要である。まさしく、国家債務（政府の対外借金）の踏み倒しのことを書いている。

「ソブリン債の再編、新枠組みを」
ＦＴ紙　ジリアン・テット記者　2024年3月8日

今春、アルゼンチンが世界の市場に影を落としている。理由の一つは、現在同国を率いている（11月19日に当選した）リバータリアン（自由至上主義）の経済学者、ミレイ大統領（副島注記。徹底したコスト・カッター。公務員たちを一斉の給料削減で、脅《おび》えさせている）の奇抜な個性に多くの投資家がひきつけられているからだ。

ソブリン債の半分、ニューヨーク州法の下で発行

しかし、もう一つの要因は、まだ肌寒いニューヨーク州の州都オールバニにある。

2月末、同州の裁判所が（諸外国の）ソブリン債《ボンド》（国債と政府機関債）の債務《さいむ》の再編《さいへん》（副島注記。デット・リストラクチュアリング　debt restructuring　即ち借金の踏み倒しのこと）を、どう扱うかについての制度変更を目指す法案がニューヨーク州議会に提出された（副島注記。何とニューヨーク州という地方政府が貧乏国たちの国債の起債を承認している）。

これが重要なのは、新興国（副島注記。中南米諸国が主）が発行するソブリン債（各国の国債）の半分、金額にして推定8700億ドル（1300兆円）相当の債券が、このニューヨーク州法に基づいて発行されているためだ（副島注記。だからニューヨーク州議会が貧乏諸国の借金のことで議論する）。

詳細は複雑だ。本当の狙いは、2016年の悲劇の再発を防ぐことにある。2001年に次いでアルゼンチン国債がデフォールト（債務不履行）した。2016年の時は、アルゼンチン国債をめぐり、米大手ヘッジファンド、エリオット・マネジメントだけが自分が保有していたアルゼンチン債券の額面全額を（自分だけ）取り返すためにニューヨーク州の裁判所を使って訴えた。そして、勝訴して（自分だけ）20億ドル

（2000億円）もの利益を獲得した。公的部門の債権者（副島注記。アルゼンチン政府に貸し込んでいたIMFやEU。さらには、アルゼンチン国債を買っているのは欧米諸国の財務省。アルゼンチン国債は、危険債《ハイリスクボンド》なので年率8％とかの高利が付く。だから各国政府までもが、危険を承知で資金運用で買い込む。そして破綻してパーになる）がヘアカット（債務の減免。たとえば額面の60％とかの）を受け入れたにもかかわらずだ。

（このニューヨーク州議会での勝手な抜け駆けを許さない）法案が可決されるかどうかは不透明だ。昨年も似たような構想が持ち上がった。そして暗礁に乗り上げた。ウォール街（の民間の大銀行たち）は間違いなく、その絶大なロビイングの力（および資金力）を駆使してこの法案に対抗（反対）するだろう。だが、州議会では（副島注記。この民間銀行たちを黙らせる法案は）絶大な支持を得ている。このため、英クリフォード・チャンスのような法律事務所（民間大銀行たちの代理人）は急ぎ、同法案についてクライアント（民間の大銀行たち）向けの説明文書を発行した。

このため投資家たち（副島注記。この投資家《インヴェスター》とか債権者《クレディター》というのが曲者《くせもの》で、まさしくこの者たちが、超《ちょう》財界人でディープステイトそのものだ。彼らは、民間貧乏諸国に大金を投じて、そのボロクズ国債を買った大銀行たちの大株主であり、現在の世界資本主義の主役である。金融資本主義《きんゆうしほんしゅぎ》　フィナンツ・カピタリスムスの申し子たちだ。こいつらが今追い詰められ始めた。英文金融記事の中のこの投資家とか、債権者とは何者であるかを、きちんと、自分の体と頭で分かっている日本の金融経済おっかけ人間は、ほとんどいない。知ったかぶりのバカがほとんどだ。日本人で金融記事を書いている者たちを含めて、恥を知れ）は注意を払うべきだ。

ニューヨーク州議会に法案が提出された理由は、エリオット社の2016年の（裁判での自分だけの）大勝利の立役者だったジェイ・ニューマン氏の最近の言葉では、「国債デフォールトに対処する現行の枠組み（法律制度）は、完全に欠陥があり、完全に腐っている」からだ。（副島注記。このように、ようやく世界超財界人＝ザ・ディープステイトが追い詰められ始めている。彼ら自身がもうすぐ大損を抱えることになる。これまではこんなことはなかった。）

貧乏国家（主に南米諸国）の借金をめぐる激しい議論の場となったニューヨーク州議会

貧乏国家のソブリン債の債務再編（デット・リストラクチュアリング）についてのニューヨーク州の法案で、NYの大手民間ヘッジファンドたちも平等に損失を被るべきである。

このニューヨーク州議会の法案がどうなるとしても、これによって（世界の金融、融資制度の）改革への圧力が高まる。遅すぎたとはいえ、これは良い知らせだ。

影響力低下したパリクラブ、ＩＭＦ

その理由を理解するためには、元アルゼンチン経済相のマルティン・グスマン、元コロンビア財務相のホセアントニオ・オカンポとノーベル賞を受賞した経済学者ジョセフ・スティグリッツの3氏が、このニューヨーク州議会に送ったメモを読むといい。

このメモランダムは、「事実上すべての国において、債務を再編する（借金を半分とかチャラにする）仕組みは、今では市場経済《マーケットエコノミー》（という大きな秩序と学問）の不可欠な一部とみなされている破産法（バンクラプシー・アクト）の形で厳然として存在している」と指摘した。米連邦破産法11条（チャプター11《イレブン》。企業が破産しても今の経営陣に経営を続けさせる制度）が好例だ。

（副島注記。即ち、民間企業の破産（破綻）と同じく国家（政府）も破産するのである。そして破産法が適用されるのだという考え。）

「ところが、国家の債務（借金）については（現行の法制度では）同等の仕組みが存在しない」と、この３氏の文書（メモランダム）では続けている。そのため（貧乏諸国＝弱小の新興国の破産の時の処理の）結果は時折、債権者（副島注記。これが超《ちょう》財界人たちのこと）への返済額が不均等で場当たり的な内容になり、合意内容を平等に強制するのが難しい。

20世紀には、パリクラブ（主要債権国会議）と国際通貨基金（ＩＭＦ）のような機関が、債権者たち（ザ・ディープステイトの超《ちょう》財界人たち）の調整役を務めることで、このギャップを補った。

最近、過半数の債権者が（自分たちが勝手に決めた）合意を（貧乏諸国に）強制できるようにする「集団行動条項（ＣＡＣ）」を債券（国債）を発行する際の文書に加えた。また、２０２０年には20カ国・地域が集まるＧ20《ジー・トゥエンティ》が、集団行動への別の道を開く（貸し手（資金の出し手）たちが平等に責任を引き受ける。即ち損切りをする）債務処理のための共通の枠組みを創設した。

だが、（このＧ20が作った）共通枠組みは法的な拘束力を欠く。パリクラブとＩＭＦ（自体が）が枠組みとして次第に効果（執行能力）が薄れている。理由の一つは、中国がひそかに、欧米の国際開発金融機関を上回る、低所得国に対する最大の債権者（資金の出し手）になっているので、この債務再編《デット・リストラ》（国家の破産による借金の踏み倒し）で同国（中国）が果たせる役割が予測不能であることだ。

2つ目の問題は、エリオットのような民間ヘッジファンドの動きだ。彼らファンド（副島注記。超《ちょう》財界人たちからの資金を預かって運用する）の存在感は高まる一方だ。貧しい諸国が欧米の裁判所で、民間債権者（超《ちょう》財界人たち）と争うには莫大な裁判費用がかかる。このため、多くの場合、ファンドの要求に屈服する。前記の3氏のグスマン氏らのメモには、「2010年に、民間債権者（副島注記。超財界人たち。世界の大金持ち。普通は裏に隠れて決して表《おもて》に出ることはない。各国の政治家や官僚トップたちまでもあやつる）が保有している発展途上国（貧乏新興国）相手の債務の割合は、46%だった」と書かれている。「ところが2021年末にはこのシェアが61%に跳ね上がっている」。衝撃的な数字だ。

一方、貧しい諸国では、歳入に対する対外債務（外国からの借金）の返済コストが、

英FT紙でさえ、世界をこう考えている（挿し絵も）

「信じがたい世界的プーチン氏礼賛」

FT紙 ギデオン・ラックマン

2024年2月21日

中国の習近平（シー・ジンピン）国家主席がプーチン氏を切り捨てるとは誰も思わない。習氏もプーチン氏と同様、民主化運動活動家を憎悪している。だが意外なのは、プーチン氏が世界で最も強力な国家の指導者らと依然として友好な関係を維持していることだ。

プーチン大統領が金正恩と新たな協定を　2024年2月18日

世界中で米国債売り、ドル離れが加速している。もうすぐドル暴落へ。

過去10年間で、ほぼ3倍に膨らんでいる。この結果、48カ国・地域が債務ディストレス（distress　返済の義務が果たせず、債務再編が必要になる状態）か、それに近い状態に陥っている。

実際、2020年以降、すでに12件前後の国家デフォールトがあった。すべてのケースで、デフォールトは国を衰弱させる大混乱をもたらした。エチオピアとスリランカ、ザンビアがその実例だ。

このようにして今回のニューヨーク州の法案で提示されている（貧乏諸国の破産時の借金の減免《げんめん》の割合についての）解決策は、新興国（貧乏諸国）の政府自身にデフォールトしたときの処理について、2つの選択肢（オプション）を与えたことだ。

①その国の債務再編《デット・リストラ》（借金を返せませんの割合）の（その国の国内での）合意を取りまとめて強制するためにニューヨーク州から任命された管財人が介入する。あるいは、②G20が決めた共通枠組み《フレイムワーク》のメカニズムが発動されるか。このどちらかだ。

いずれにしても重要なポイントは、民間、公的部門双方の債権者が同じレベルの（平等な）ヘアカットを強いられることだ。つまり、エリオットのような民間企業だけが（自分だけ逃げきって）荒稼ぎすることをやめさせる。そして貧乏国の納税者が苦しむことがないようにするのが狙いだ。

「腐った」現状を変える必要あり

私たちが驚くまでもなく、一部の民間の金融関係者はこれに戦々恐々としている。だから、反論として「それぞれの国の国債の発行の枠組みに遡及《そきゅう》的な変更（以前からの貸し金＝出資、投資金にまで新しい法律が適用されること）を認めると、法の支配《ルール・オブ・ラー》に対する市場の信頼を損なう（副島注記。即ち、我々、超《ちょう》財界人である超《ちょう》大金持ちの利益が奪われる）。アメリカ連邦法（フェデラル・アクト）とは食い違う、さらに細分化された制度を作ることになる」と訴えている。

米ピムコや米フィデリティといった資産運用会社は、この将来の法的な不確実性について「投資家（副島注記。自分たちに資金を預《あず》けている匿名《とくめい》の大金持ちたち、超財界人）が損失を補償される必要がある。こうした措置は債券の発行コストを高める（副島注記。今後は起債《きさい》しても引き受けてやらないぞ、という脅しだ）」と警鐘を鳴らしている。これらの外国債券の発行が、英ロンドンや米テキサス州のような別の場所へ逃げていく可能性もある。

しかし、（今度のニューヨーク州の）法案の支持者は、「より公平で予測可能な枠組みは、債務が返済される確率を高める。そのため、こうした措置は反対に資金調達コストを引き下げることになる」と反論する。また、法案の支持者は「英国の議員がこのニューヨーク州のアプローチをまねることを検討している」と指摘する。

実際には、（貧乏諸国の国債という）債券の発行コストに対する影響を現時点で判断するのは不可能だ。だが、前出のニューマン氏の言葉を再び引用すると、「明確なのは現状が〝腐っており〟、変える必要がある」ということだ。

それでも、ニューヨーク州議会での対策が不完全だったとしても、これで共通枠組みに関する行動（副島注記。すべての債権者が平等に損失を分担する）がようやく加速するのであれば、誰もが喝采（歓迎）すべきだ。それは何より、2024年中にも次の債務危機（デット・クライシス。貧乏国の国家破産）が生まれるかもしれないからだ。そのなかにはアルゼンチンが（確実に）含まれる。アルゼンチン国は、民間債権者への55億ドルの支払い期限を来年に控えて、ミレイ大統領が債務の返済に苦労している。

（FT、2024年3月8日、ジリアン・テット Gillian Tett 記者）

この記事から私たちは世界の貧乏諸国70カ国が抱える、国家破産の危機の深刻さと、その際の債務の減免《げんめん》の問題を理解できる。

最後は、超大国であり続けたアメリカ帝国自身が、これまで隠し持ってきた、秘密の大借金を、すべて、「返さない。返せない」で、「ご破算に願いしましては」にする気だ。アメリカは必ず借金を踏み倒す。だから米国債は紙切れになる。誰も信用しなくなる。売り買いが成立しなくなる。流動性《りゅうどうせい》（リクイディティ liquidity）が消滅する。即ち米国債は紙キレとなる。これが21世紀（西暦2000年代）の最大の動きとなり、アメリカの世界覇権（ドル覇権）が終わる。

とりわけ中東の産油国たちが中心に買って持っている米国債が危ない。中東（ミドル・イースト）でなくても同じく産油国でありイスラム国のマレーシアとインドネシアも、怒り狂い出す。この2国は、今では、アメリカへの債務大《たい》国である。それに対して我らが日本は、この迫り来る事態に怒る元気もなくて、国民全員でヘコ垂《た》れてうなだれている。アメリカに刃向かってケンカを売る政治家（指導者）をひとりも持っていない。何と哀《あわ》れな国だろう。アメリカは長年の借金を1ドル（1円）も返さない。

その時、ドルは大暴落する。この時、日本政府は、「それならそれでいいですよ。私たちは円の対《たい》ドル（対《たい》ユーロも）での、通貨の切り上げ、10倍を断行します」となる。これで、まず、奇妙な新札が発行され始めた（ダラダラと）1万円（10000円）札を千円（1000円）にする。これがリデノミネイション redenomination である。

そしてさらに1ドル＝10円になる。私はこのように予言しておく。その前に、同時並行で、1ドルは、120円、100円、80円、60円……とどんどん、為替市場で下落、大暴落を続けている、だろう。これは副島隆彦の20年来の予言（プレディクト）の勝利である。大勝利である。この時のために私はここまで生きてきた。

国家も破産する――ギリシアの教訓

2015年に、ギリシアで国家破綻が起きた。今から9年前だ。あの時、2015年1月に、愛国で救国のツィプラス政権になっていた。この急進左翼の政権を、貧窮国民と公務員たちが熱烈支持した。この内閣の財務相になった、ヤニス・バルファキスという若手の経済学者が、希望の星だった。バルファキスは、「ギリシアは破産した。だから国家債務（ソブリン債《デット》）を諸外国はチャラにしてくれ。国家も破産するのだ。民間企業と同じように破産した。だから、国家の債務（借金《デット》）をパー（帳消し。債務免除）にしてくれ。

Exemption《エグゼンプション》 of national debt, remission《レミッション》 of sovereign bond!

我々は、借金を踏み倒す」という宣言をした。この時、大《だい》議論になった。しかし日本国内には誰も正確に書いて伝える者がいなかった。ギリシア国民が議会前に集まって何度も騒いでいる、という報道しかしなかった。怒った債権国のドイツが「アテネのパルテノン神殿を差し押さえる。貸し金の担保として取る」という騒ぎになった。日本人は誰も知らない。誰も教えない。


この時、米財務長官だった、若いティモシー・ガイトナー財務長官が心配し過ぎて、脳が擦り切れた。気が変になって狂った。それで辞任した。このガイトナーの代わりに、生《なま》足女《あしおんな》のラエール・ブレイナード女史が出て来た。この時、まだブレイナードの親密な育て親のポール・ボルカーは生きていた。

ティモシー・ガイトナーは、その前は、ニューヨークの連銀《れんぎん》（ＦＲＢの実行機関。世界中のドルを管理している）の総裁をしていた。ガイトナーは頭（脳）の病気を発病して引退した。まだ若かった（51歳）。きっと元々が善人《ぜんにん》だったのだろう。善人は、あまりもの心労に堪《た》えられない。

悪の側《がわ》（ダークサイド）に本気で身を落とさないと、世界の金融を支配する超財界人たち（the Deep State）の表面の執行者にはなれない。〝世界金融の元締《もとじ》め〟のポール・ボルカー（92歳で死。２０１９年12月）は、世界皇帝デイヴィッド・ロックフェラー（２０１７年、１０１歳で死）の金融部門の大番頭である。それに対して政治、外交部門の大番頭がヘンリー・キッシンジャー（２０２３年11月29日、１００歳で死去）である。ブレイナード女史が決断した。ギリシアのソブリン・ボンドの、８割を棒引き（チャラ）にして、ＮＹのヘッジファンドたちと、さらにはギリシア国債の空売りを仕掛けていた勢力にも、責任を取らせて強引に黙らせた。立派だった。

バルファキス財務長官に対しては、ＥＵとＩＭＦとアメリカが、「あいつだけは、絶対に許さん。首を斬れ」と怒り狂ってすごんだ。ツィプラス首相は「分かったよ」で妥協して、バルファキスは首を斬られた。バルファキスは、若い愛人をバイクの後ろに乗せて政

ギリシアのバルファキス財務相が借金をチャラにしろと言った時、ドイツはそれならパルテノン神殿を担保に取ると言った。

ヤニス・バルファキス（1961年～）
ギリシアの経済学者、政治家。2015年1月ギリシア議会総選挙で当選、アレクシス・ツィプラス政権の財務長官に就任。ギリシア国債の債務不履行を主張したが、7月5日に行われた国民投票で反対票多数となり、翌7月6日に辞任した。

府の建物から走り去った。このニューズ映像は、ものすごくカッコよかった。私もこういうことを一生に一度、やってみたい。

全く同じことが、ギリシア、アルゼンチンに次いで、ようやく世界規模で、目下、起き始めた。ここからが見物《みもの》だ。

日本がアメリカに貢いだお金は1800兆円

次の記事が重要だ。それでもこの記事の書き手と日銀マンたち（程度の者）たちは、大きな真実を知らない。知っているのは、日銀の一番上の10人ぐらいと財務省と、自民党のトップたち、も入れると、30人ぐらいだ。彼らが日本国の現在の幕閣《ばっかく》（老中《ろうじゅう》たち）だ。日本が、裏で、アメリカに強制的に買わされている、隠れた国家帳簿にある残高、16兆ドル（1800兆円）ある、米国債の話は絶対にしない。誰も正直に話さない。

私、副島隆彦だけが、このことを、自分の金融本で、毎回ずっと、この26年間（『悪の経済学』、祥伝社、1998年6月刊以来）、ずっと書いてきた。

35年前の1989年頃は、日本政府（財務省）が、裏で買わされている米国債は、まだ

アメリカの巨額借金（世界中に押し付けている米国債の残高）は概算で約50兆ドル（7000兆円ぐらい）ある。そのうちの約30%を日本が引き受けている。その総額は、私の計算では1800兆円（16兆ドル）である。

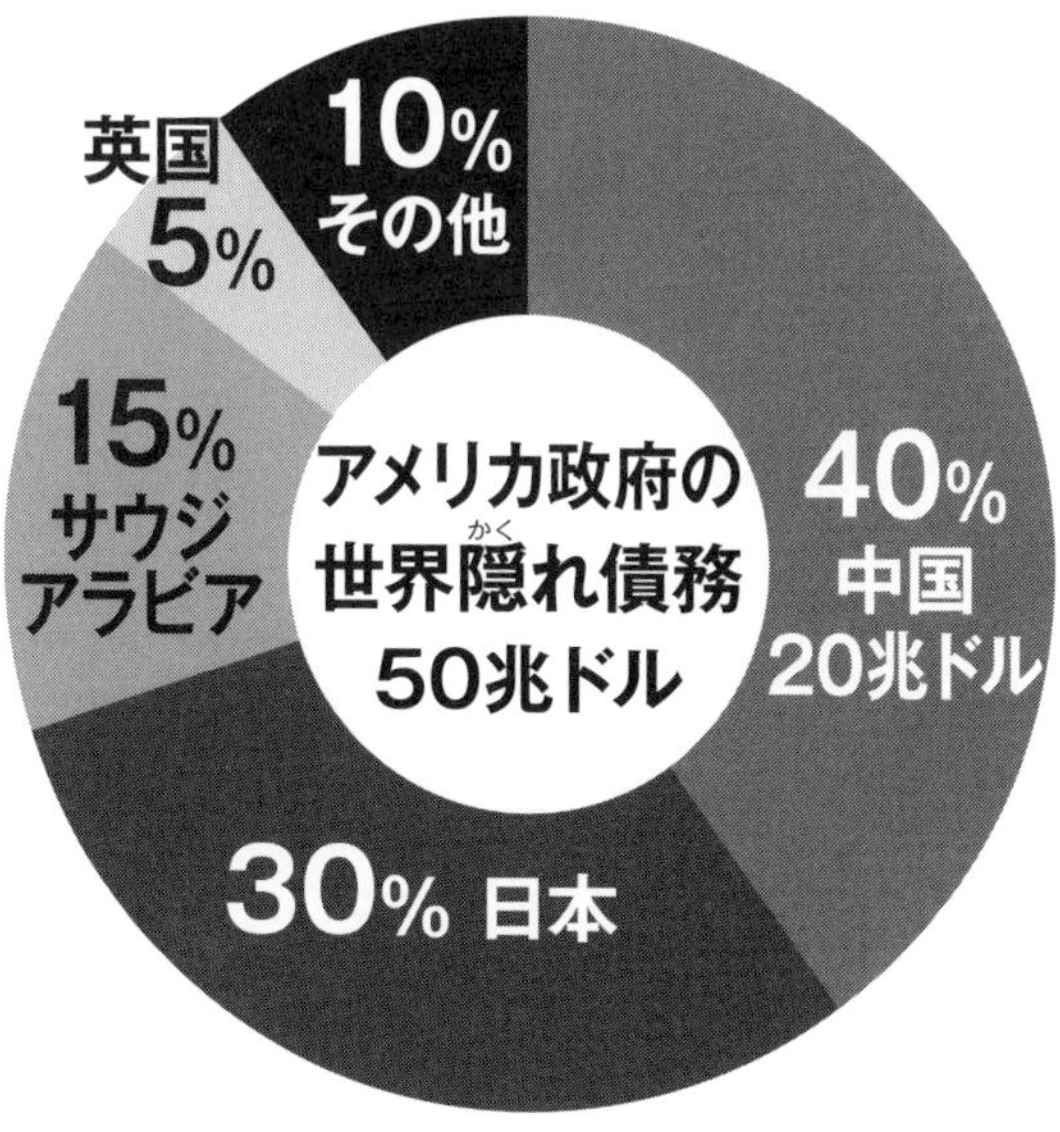

600兆円ぐらいだった。それが、このあとも1年に30兆円ずつ×（掛ける）35年で、1150兆円で、丁度、私が洞察している1800兆円になっている。後で詳しく説明する。

私が主張する「日本が秘かに保有する米国債1800兆円（16兆ドル）」。この数字を、誰も信じてくれない。私と一緒に金融本を作っている編集長たちでさえも、知らん顔をする。「先生のご意見で主張ですから勝手にどんどん書いてください。読者は待っていますから（笑）」で、私はずっとこの26年間やってきた。すべての友人知人にもホントかなあ、と無視され続けた。副島隆彦は、このことで、ひとりでずっと苦しんだ。まあ、いいさ。私が勝手に立てた仮説《かせつ》（ハイポセシス　hypothesis）ということで。

だけど、人類の月面着陸（1969年7月）は無かった。そんなことは今も出来ない。と私が本に書いたことと同じで、そのうち、ドカーンと、皆に、真実が分かるだろう。

その時まで、我慢に我慢で、私は生きている。そして、3年前の2021年2月4日（節分《せちぶん》。立春《りっしゅん》の次の日）のことだ。

日本でも江戸時代までずっと使われてきた中国の二十四節気《せっき》＝節季という考え（中国天文学）に依る。この2月4日から、私に、人生の大運《たいうん》がやって来た。日山智全《ひやまちぜん》という風水《ふうすい》師《し》の呪《まじな》い師が、その前の２０２１年1月22日に、熱海の私の家に突然やって来た。そして彼が私の残りの人生全部を占ってくれた。そして「先生には、これから大運《だいうん》（大きな幸運）が来ます。大きな厄《やく》が明けました」私「いつからですか」「それは節分《せちぶん》からです」私「いつまでですか」「死ぬまでです」と言われた。私は嬉しかった。もの凄く嬉しかった。そしてどうやら本当に私に次々と大運がやって来たようである。7月8日に安倍晋三が死んだ。殺された。みんな今も知らん顔をしている。そんなこと、あったの？　だとさ。

以下に新聞記事を引用する。

日本国内にも、それなりに優れた見識を持っている有識者《ゆうしきしゃ》（新聞記者、官庁エコノミスト、ごく少数の経済学者、雑誌記者たち）がいることはいる。しかし彼らは自分がアメリカに目を付けられて狙われるのが恐《こわ》い。仕事を干《ほ》される。だから、正直に率直に、真実の言論を書かない。それでも次に載せる日経の記事のように、本根《ほんね》をペロリと書く記者がいる。書き手の名前は分からない。日経の今年の1月の記事である。

『通貨が増えれば物価は上がる？　異次元緩和不発の必然』

「すこぶる戦慄《せんりつ》の至《いた》り」。1877（明治10）年に西郷隆盛率いる鹿児島士族が起こした西南《せいなん》戦争の直後、のちに千円札の肖像画になった伊藤博文は、盟友の井上馨《かおる》（聞《ぶん》多《た》。内務大臣）への手紙にこう書きつづった。次なる士族の反乱を心配したわけではない。当時の年間歳出（副島注記。明治の日本の国家予算は3億円）の9割近くにも達した「西郷軍の征討費《とうばつ》」が、発足まもない明治政府の財政と経済の重荷となることを恐れたためだ。

インフレが日銀を生み出す

その懸念の通り、金や銀と交換できない不換《ふかん》紙幣（fiat money フィアット・マネー）である（戦費調達のための）政府紙幣の増発は、（日本社会に）深刻なインフレ（通貨の信用の下落。物価上昇）をもたらした。明治政府は増税や公債《こうさい》（日本国債）発行、歳出の削減で、紙幣の流通量を抑えることを強いられた。価値が安定している兌換《だかん》紙幣（金《きん》に換えられるお札）の導入が急務となった。そこで5年後の1882

日本は大丈夫。これだけ国家借金を抱えても。愛国官僚たちが私たち国民を必死で守っている。

出所　日本銀行、IMF

(明治15) 年に設立されたのが、中央銀行である日銀《にちぎん》だ。

通貨《マネー》の流通は経済を活性化させて豊かさをもたらす。その一方で、過剰に世の中に出回れば人々の生活を苦しめるインフレ（物価高《だか》）を引き起こす。中央銀行は政策《せいさく》金利（副島注記。大銀行たちと財閥企業に日銀が資金を貸し出したり、吸い上げたりすることで、一国《いっこく》の貨幣量を調節する）を通じて、通貨の供給量《マネーサプライ》をコントロールし、物価を安定させる。この中央銀行が必要なのはそのためだ。（国民からの人気取りのために）好景気を望む政府（大蔵省）の思惑に振り回されないように、現在では中央銀行（日銀）は独立性を認められている。（副島注記。ところが現在は日銀の独立性なんか言っていられない。アメリカが日本から資金を毎年強奪する＝米国債を押し付ける、ので大蔵省と一体化して必死で金融政策をやっている。）

問題は（ところが、市中《しちゅう》、即ち実《じっ》社会に溢《あふ》れ出る、発行し過ぎの）過剰な通貨がインフレを生み出した例がたくさんある。（だから、うまい具合に、それらの逆をやって）デフレ（不景気）に陥った際に（今度は）通貨の供給を増やせば、（それが計画どおり）インフレに転じるのかどうか（これが分からない）。

２０１３年4月に、日銀が始めた異《い》次《じ》元《げん》緩和《かんわ》はそんな（大）実験だった。当時総裁になった黒《くろ》田《だ》東彦《はるひこ》氏が、「2％の物価目標を2年程度で実現する」と約束した。そして日銀がマネタリーベース（資金供給量）を、2年で2倍に増やす方針を打ち出した。

Ｐ77の表のとおりだ。

（副島注記。黒田は、日銀マネタリーベース（それまで２００兆円弱）を2倍どころか3倍の６８０兆円にまで増やした。米国債（米ドル）の世界中へのジャブジャブ垂《た》れ流しに対応して、日本も破れかぶれの日本の通貨量の大増量を計《はか》った。そしてこれが極限まで来た。もうこれ以上のジャブジャブマネーはできない。日本国債の大蔵省からの引き受け（買い取り）をやることは、中央銀行の自殺になる。）

だから２０２４年の今は、植田日銀は「日本国債を買い取る額を減らす」と言って、それを実行している。

資金供給量と物価は連動せず

2年後（２０１５年）に、日銀のマネタリーベースは確かに2倍になった（３００

兆円）。消費者物価指数（ＣＰＩ）上昇率はゼロ近辺に張り付いたままだった。

（副島隆彦割り込み加筆。こら、バカ、この記事の書き手よ。２０２０年1月からの、コロナウイルス騒ぎ（これもヤラせだ）があって、翌年２０２１年からのコロナ不況対策で、日本政府（大蔵省）は３０７兆円を出した。物価上昇率は、Ｐ77のグラフからも2％を超えている。4％まで行った。だから、黒田の異次元《いじげん》緩和（２０１３年4月、就任のすぐあとに発表）の「2％の物価目標を〝2年程度〟で実現」はすぐには出来なかった。しかし8年かけて２０２１年に実現した、ではないか。だから、私、副島隆彦は、黒田の勝利だ、と、ずっと書いてきた。それなのに、この2％上げの物価上昇目標を達成した事実を、金融専門家や新聞記者たちは、経済学者を含めて誰も書かなかった。無視した）。

物価が（2％の目標値のとおり）明確に上昇に転じたのは、新型コロナウイルス禍《か》による（コロナ給付金の）供給制約が強まった２０２２年以降になってからだ。

お金の量が増えれば物価も上がっていく。これが（アメリカ理論経済学の主流派である）貨幣数量《すうりょう》説だ。日銀が実行した実験はこの貨幣数量説への明らかな反証（反

日本の10年物国債の利回り（直近5年）

出所　財務省のデータから作成

対事例）になったといえる。ある日銀ＯＢは、「貨幣数量とインフレ率に比例的な関係は見当たらない」と冷ややかだ。

日銀が、（発行済みで大量に買っている）金融機関の国債を大量に買い取っている。だがこれでは、お金は民間銀行が日銀に開設している当座預金に積み上がるだけだ。（企業がもっと借りたい、という）資金への需要がなければ、銀行による（企業への）貸し出しは増えない。市中にお金は流れない。たしかに日銀による国債の大量購入で長期金利は下がる。これだけでも資金への需要は押し上げられる。だがそれでも短期金利（政策金利）の引き下げと比べれば、効果は限定的だ。

なお続く国債の大量購入

もちろん日銀はそんなことは百も承知だ。金融緩和を続ける決断をしたことによって「将来は物価は上がって欲しい」という人々の「期待」を一気に高めることに賭けた。誰もが物価が上がると思い始めれば消費が促され、緩《ゆる》やかなインフレにつながる。当時の幹部は、「日銀はデフレに対して無策との批判が強まったので、できることはすべてやっていることを示す必要があった」という。

元日銀理事でみずほリサーチ&テクノロジーズの門間一夫氏は、「資金供給量（を操作すること）でインフレ期待が変わるという考え方自体がもともと正しくない」と指摘する。一方で、緩和に積極的であるリフレ派の元日銀審議委員の原田泰《やすし》氏（副島注記。この人は、日本は外債《がいさい》即ち米国債ばかり買わされる、と公言してクビになった愛国者）は、「異次元緩和がデフレ脱却の足がかりになったことは間違いない」と話す。

日銀は2016年9月に、長短金利操作（イールドカーブ・コントロール）の導入を決め、政策の軸足を量から金利へと戻した。だが、物価が2%を安定的に超えるまでマネタリーベースの拡大方針を今も続ける。この「オーバーシュート型コミットメント」を堅持している。長期金利は低下傾向にある。にもかかわらず日銀は大量の日本国債を買い続けている。（副島注記。植田日銀になって、日本国債買いを減らす、とやっと言い出した）

市場参加者の間では最近、日本に金融緩和を促してきた元FRB議長のベン・バーナンキ氏が著書「21世紀の金融政策」で、2000年代初めの日銀の量的緩和をこう評した。「日本人は、マネーサプライ（通貨供給量）と物価が直接関係しているとする、過度に単純化され欠陥のあるマネタリストの教義を信頼していた」。バーナンキ氏のこの発言が話題になった。

日銀のバランスシートに、今や600兆円を超える国債が残された。日銀の日本国債購入に支えられて、政府の債務残高は国内総生産（GDP）比で、200％を超える水準に膨らんだ。超《ちょう》低金利の常態化によって、拡大する財政赤字に対して戦慄《せんりつ》する（ゾッとする）感覚が失われてしまったのだとすれば、日銀の実験の代償は大きい。

（日本経済新聞、2024年1月3日）

この日経の記事は思ったほど出来がよくない。この程度の中途半端で当《あた》り障《さわ》りのないことばかり日本の記者たちは書いている。

2000年（24年前だ）に私が入れてもらっていた自民党の勉強会に、鈴木俊一（現、財務大臣）がゲストでやって来た。私の横の席に座られた。私は時《とき》を見はからって鈴木現《げん》財務相に耳打ちするように言った。「鈴木先生。まあ、この日本がアメリカに対して持っている600兆円（の米国債購入残高）は、日本がアメリカに差し出した貢《みつ》ぎ金ですね。これは日本が小さな戦争をひとつやって、掛かった費用ということで、いいんでしょうかね」と、私は言った。実直で立派な鈴木俊一財務相は、「うん、うん」と頷《うなず》いてくれた。私の貴重な思い出だ。

米国債の借金は本当は20倍ある

P87のアメリカ合衆国のマネタリーベースの表を見てください。マネタリーベースは中央銀行が民間銀行を含む社会全体への通貨供給量のことだ。民間銀行から社会全体への通貨供給量を示すマネー・サプライ（これをマネタリストという学派《スクール》によってはマネー・ストックとも言う）は違う。経済学者たち、というのは本当にイヤな奴らで、自分たちで勝手にコロコロと専門用語を変える。他のコトバに置き換える。何か都合が悪いとこういうことをする。それで知ったかぶりの追随《ついずい》者のバカたちを騙くらかす。ただの「一国《いっこく》の中のお金（マネー）の量（クワンティティ）」のことなのに。最近は、また元々のマネー・サプライに皆で戻りつつある。バカなんじゃないの。アメリカ合衆国のマネタリーベースは即ち6兆ドル（900兆円）しかない。ことになっている。こんなに少ないはずがない。P77の日本のマネタリーベース676兆円（日銀発表。5月末時点）とあんまり変わらない。超《ちょう》大国をやりつづけたアメリカの国内に、ドル資金（通貨）がたったの6兆ドルだと。誰が一体、こんなウソの数字を信じられるか。ところが誰も、この信じられないほどの少額の数字に異議を唱えない。アメリカのマネタリーベースは、その10倍の60兆ドル（9000兆円）有ると発表するなら私は信じる。それがたったの6兆ドルだ。

私はキツネにつままれたような感じで、この30年間を生きてきた。誰もこのことを不思議だと思わない。分かったフリをして難しそうな顔をして経済記事を読んでいるだけだ。何ーんも知らないのだ。痴呆症の集まりだ。ドルのお札《ビル》（紙幣《ノート》）即ち現金も、アメリカ国内に1兆ドル（150兆円）ぐらいしかない。ことになっている。アメリカ財務省の発表だ。そんなに少ないわけはない。本当はその20倍はある。

日本の現金であるお札（紙幣）（1万円札）と硬貨《コイン》（100円玉とか）の発行量は120兆円である。アメリカより多い。その半分の60兆円が〝タンス預金〟で退蔵《たいぞう》されている金持ちたちが隠し持って手持ちにしている現金（1万円札の束）だとされる。これは真実の数字である。

Ｐ77のものと比較せよ アメリカのマネタリーベース

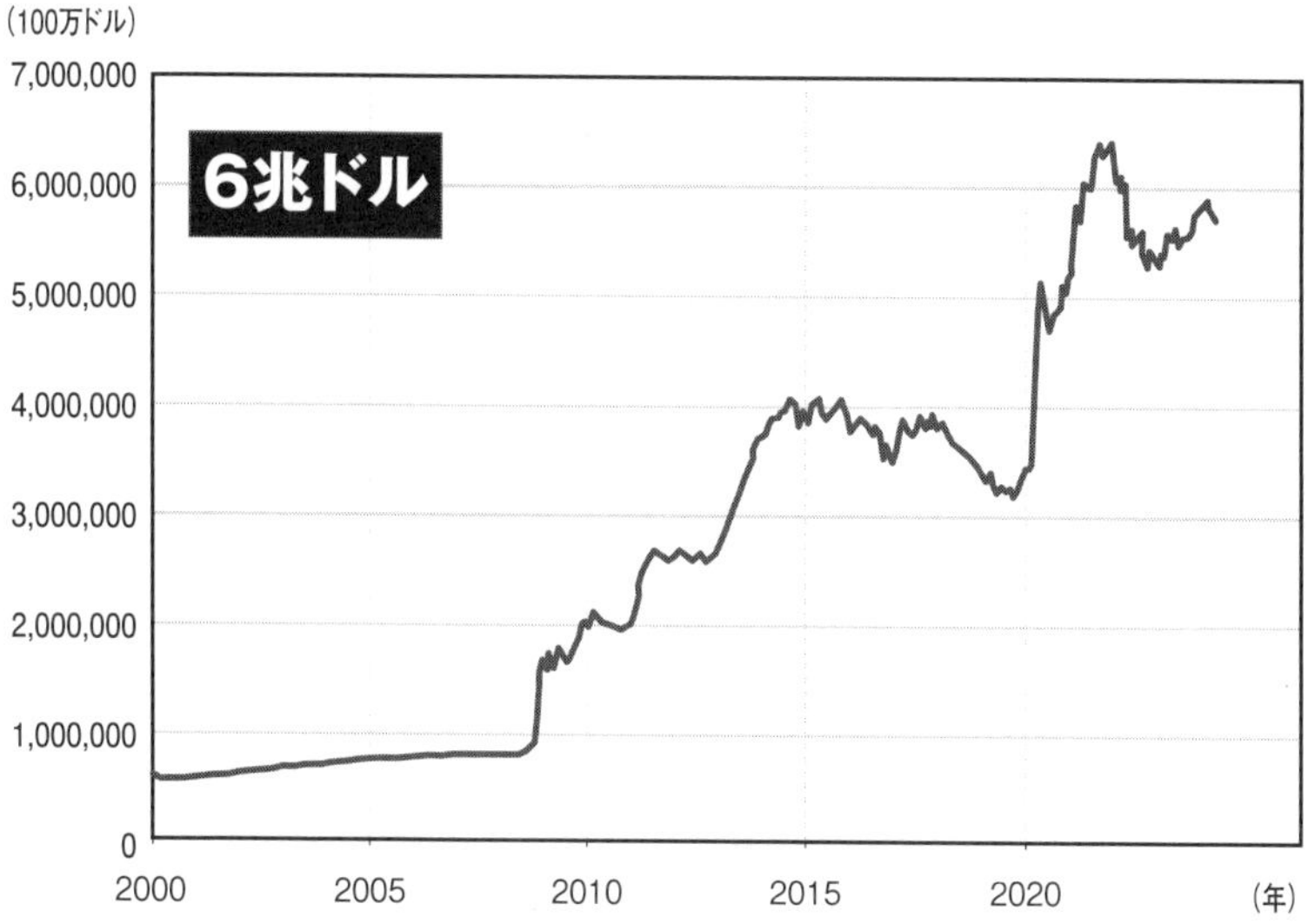

出所　セントルイス連銀

アメリカ合衆国の「お金の量」がたったの６兆ドル（900兆円）のはずがない。本当はその４倍の24兆ドル（3600兆円）有るはずだ。日本の「お金の量」（マネタリーベース 日銀発表）は、676兆円である（2024年５月末）。

アメリカの人口は3億4000万人（2023年）、そのうちの4000万人は南米から来た不法移民みたいな人たちだ。日本の人口は1億2000万人ということになっている。これもどうも怪しい。

日本の人口減《げん》は年間（毎年）60万人だ、とされる。本当は100万人ぐらいずつ減っているだろう。人口統計の日本の人口はいつもいつも、この何十年間ずっと1億2600万人だ。というのはウソで、本当はすでに1000万人がこの10年間で減少している。本当の人口は1億1000万人だろう。あと6、7年で1億人を割る。私の周りにも40歳代でひとり者の男女がたくさんいる。ということは結婚もせず子供も作らない。だから日本の人口は急激に減っている。私は、これはこれでいいと思う。遂には日本政府（の審議委員ども）が、「日本は人口8000万人の国でやってゆく態勢にしましょう」と言い出した。あきれ返るバカどもだ。人口増加がないとその国に経済成長（エコノミック・グロウス）が起きない、という経済学の理論もウソだったということになる。

アメリカは何でも日本の3倍ちょっとの大きさだ。移民がまだまだ入って来ている。アメリカはあらゆる数字が日本の3倍から4倍だ。

それなのに公表される金融の数字がオカシナことにしている。日本のお札の量が120兆円（そのうちの半分がタンス預金）あるのなら、そのアメリカは3、4倍あるはずなのだ。日本のマネタリーベースが676兆円なのだからアメリカは最低その4倍の24兆ドル（3600兆円）有るべきだ。ところが、アメリカのマネタリーベースは日本より少し大きい程度の6兆ドル（900兆円）しかない（P87。セントルイス連銀発表）。これはウソの数字だ。

私はこのことがずっと不思議でしかたなかった。だから、裏に隠れているお金があるとずっと思っていた。そうしたら、ようやく、アメリカの国外に逃げ出しているドルが、アメリカ国内の20倍有ることがはっきりした。

アメリカ合衆国の外側に存するドルのことを総称して「ユーロ・ダラー」と言う。このユーロ・ダラー　Euro Dollar　はヨーロッパ（EU圏）にあるドルだけではない。ヨーロッパで使われているドルだけではない。世界中に流れ出している米ドルと米国債のことだ。その中でもサウジアラビアを筆頭とする中東（ミドル・イースト）産油国で産出する原油（クルード・オイル）の輸出、販売から生まれるお金のことをペトロ・ダラー

petrodollar と言う。ペトロは石とか石油という意味のローマ（ラテン）語だ。「ペトロ・ダラー」は、日本語ではかつてオイル・ダラーと言われた。産油国が石油をいっぱい輸出したお金がニューヨークに貯まっている。産油国も米国債を買って運用している。

原油から生まれたドルだから、ペトロ・ダラーと言われる。これも含めてユーロ・ダラーである。ユーロ・ダラーは、アメリカから海外に流出して米国政府が管理できないドルの総量だ。アメリカ国内に無くて、ヨーロッパ、アフリカ、中南米、アジア諸国と世界中に流れ出している。結局、その正体は米国債の形で世界中に存在する。

アメリカは、戦後80年間ものすごい量の米国債を発行（印刷）した。自国の財源（予算）を賄《まかな》うために、必要に迫られて際限なくドル（米国債）を発行した。刷り散らした。信用（クレディビリティ）さえあれば、ドルはいくらでも世界中で使われた。フランスのドゴール大統領が早くも1950年代にこの秘密を見抜いた。ドゴールは「アメリカは、いくらでもドル紙幣を作れる。私たち、それ以外の国は、こつこつと輸出品を作って外国に売って、その代金として米ドルを手に入れるしかない。ドルによるアメリカの世界支配（覇者、ヘジェモニー）だ」と。

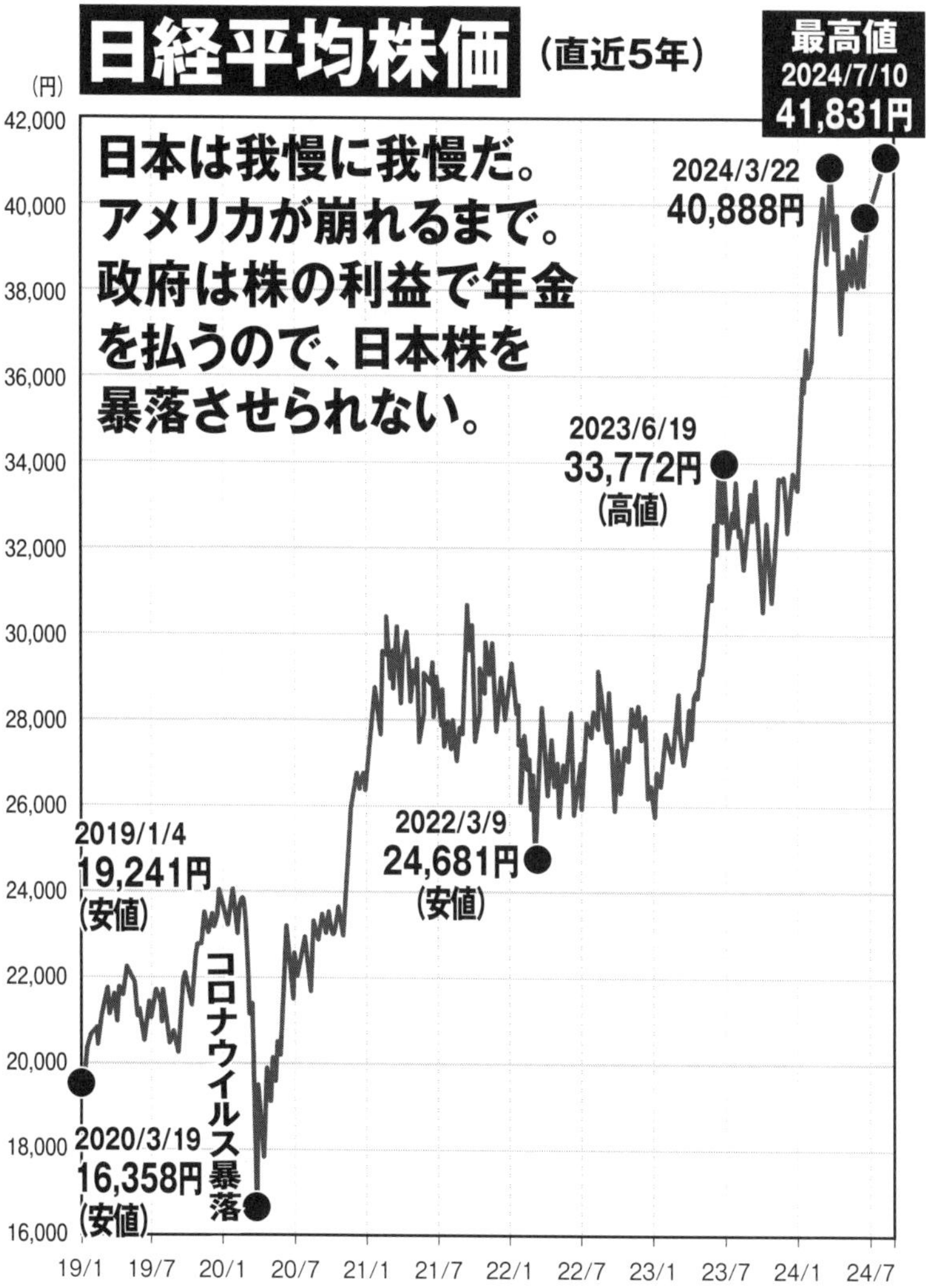
日経平均株価（直近5年）
最高値
2024/7/10
41,831円
(円)
42,000
40,000
38,000
36,000
34,000
32,000
30,000
28,000
26,000
24,000
22,000
20,000
18,000
16,000
日本は我慢に我慢だ。
アメリカが崩れるまで。
政府は株の利益で年金
を払うので、日本株を
暴落させられない。
2024/3/22
40,888円
2023/6/19
33,772円
(高値)
2022/3/9
24,681円
(安値)
2019/1/4
19,241円
(安値)
コロナウイルス暴落
2020/3/19
16,358円
(安値)
19/1
19/7
20/1
20/7
21/1
21/7
22/1
22/7
23/1
23/7
24/1
24/7
出所　Yahoo!ファイナンス

世界中に存在するドルの総量は、おそらく米国内のマネタリーベース6兆ドル（900兆円）の20倍ぐらいある。即ち、6兆ドル×20倍＝120兆ドルだ。ドル建ての債権《ローン》を除くと米国債で100兆ドル分ある。1ドル＝120円平均で、1・2京《けい》円だ。これが、世界中に垂れ流されている米ドル（実態としてドル紙幣以外は米国債）の総量だ。

そのうちの15％（近似値で16％）の16兆ドル（＝1800兆円）が、日本政府がこの50年間に、毎年毎年裏で引き受けさせられている米国債の残高だ。

だから、日本は裏金《うらがね》でアメリカの国債を16兆ドル買わされている。私が20年間、このことを自分の本に書き続けた。2000年（24年前）は、まだ600兆円（5兆ドル）ぐらいだった。そして24年が経《た》ってどうも現在は16兆ドル（1800兆円）になっている、と書いてきた。ぴたりと数字が合う。毎年日本はアメリカに裏帳簿で30兆円ぐらいずつ貢ぎ続けている。

この米国債で16兆ドル分は、日本にある。それを日米両政府は秘密にして隠している。それは全体で100兆ドルのユーロ・ダラーのうちの16％だから、ちょうど話が合う。

世界の金融経済がこれから大爆発する原因は大量にばら撒かれた米国債

今の世界の金融を語る上でのすべての原因がここにある。やがてこれが大爆発する。過剰に発行されて諸外国に、秘密で滞留《たいりゅう》している米国債は、もうすぐ世界中で、信用をなくす。誰も欲しがらなくなり、債券市場（ボンド・マーケット）での流通が止《と》まる。

日本と同じように、無理やり米国債を買わされて持たされている国々がある。それがサウジとUAE《ユーエイイー》（アラブ首長国連邦《エミレイツ》）、オマーン、クウェートなどの中東の産油国だ。そして同じイスラム教の国であるインドネシアとマレーシア（近年、沿岸で天然ガスが大量に出る国になったペトロナス石油公社と言う）だ。南アジアの産油国だ。彼らはイスラム諸国だ。

彼らが、アメリカに怒り出している。米ドル（米国債）に大きな不信の目を向けつつある。「こんなものを、いつまでも買わされて持ち続けるわけにはゆかない」と強く警戒している。つい最近7月に入ってサウジアラビアが、「原油の決済（セツルメント）を必ず米ドルで行う、というアメリカ合衆国との協定を、50年経《た》ったので破棄《はき》する」と発表した。1972年締結の「ワシントン・リヤド密約」と呼ばれるものが、失効《しっこう》したのである。このサウジの決断は重要である。

『アメリカとサウジ間で50年間続いた石油ドル体制が終了、原油取引決済を中国人民元・ユーロ・日本円にシフト』

アメリカとサウジアラビア間で50年以上続いてきた石油ドル体制が、ついに終焉を迎えようとしています。この体制の下では、サウジアラビアは原油輸出代金を米ドルでのみ受け取ることを義務付けられていました。しかし、サウジアラビア政府は最近、この合意を更新しないことを決定しました。同国は原油取引を中国人民元、ユーロ、日本円など、複数の通貨で行うことが可能になります。

石油ドル体制は、1973年の石油危機の後に築かれました。（中略）サウジアラビアは原油輸出代金を米ドルで受け取り、余剰資金をアメリカ国債に投資することに同意しました。その代わりアメリカは、サウジアラビアに軍事支援と経済協力を提供しました。この体制により、アメリカドルは世界の主要な準備通貨としての地位を高め、アメリカは経済的優位を維持し、低金利を支えることができました。

しかし、今回の合意終了は、アメリカドルの国際貿易における優位性を弱める可能性があります。原油取引が他の通貨で行われるようになれば、アメリカでのインフレと金利上昇につながる恐れがあります。

（ＮＩＫＫＥＩＭＡＴＯＭＥ、２０２４年7月1日）

ドルが大暴落（即ち米国債の流通価格が額面《がくめん》の10分の1になる）したらどうなるか。世界中の指導者たちが心配している。だが、このことはまだメディア（テレビ、新聞）では公表されていない。これらアメリカ国外《がい》にあるドル（米国債）である「ユーロ・ダラー」のことが、最近ようやく語られ出した。そのほとんどは米国債だ。ドル紙幣（お札）の量は5％ぐらいしかない。

日本とイスラム諸国以外の、中南米やアフリカ諸国は慢性的に貧乏国だ。ＩＭＦと世界銀行からの借款の見返り、として複雑な形でやっぱり米国債を、無理やり持たされている。これらも裏《うら》帳簿だ。

この大きな事実を抜きで、世界の金融、経済を、語るな。私、副島隆彦だけは、これまで同様これからも、このことを、もっとガンガンと書く。

私のこの分析と主張を、誰も、だーれも　信じてくれないまま26年が過ぎた。私は、ひとりで皮肉な孤独な笑いをするしかない。今もずっとだ。それでも私は自分の本たちにずっとこのことを書いてきた。すべて証拠として残っている。

もうすぐ私の予言が当たる。アメリカのニューヨークの金融市場とりわけ債券市場《ボンドマーケット》で金融市場の崩れ、即ち米国債を買う者がいなくなる。それと、ドルが外国為替《かわせ》市場で大暴落（ドル信用の崩壊）する。それに軌《き》を合わせて、同様に即座に日本政府は　リ・デノミネイション（redenomination　通貨単位の変更）をやる。断行する。１ドルは今の１６０円から10円になる。

アメリカは借りた金を返さない

アメリカは借りた金《カネ》を返さない。米国債という国家借金を償還《しょうかん》（返済）しないで踏み倒す。米ドルと米国債は一緒で、一体だ。この両方が、そのとき世界中で大《だい》信用を無くす。もうすぐだ。

貧乏な中南米やアフリカのおばさんたちが、しわくちゃの穢《きたな》い10ドル札、100ドル札を観光客相手の露店の商売で手に入れて必死で貯《た》め込んできた。この世界中の貧乏諸国に有るボロボロの米ドル札《さつ》の形でも大量に存在するドルのほうが、それでもまだ自分の国のちっとも信用のない通貨よりも信用がある。ということで、中南米では米ドルがまだまだ使われている。

エルサルバドル国のように、もう居直って米ドル紙幣とビットコインを法定《ほうてい》通貨（リーガル・テンダー）に法律でしてしまっている国もある。だが、法律であれこれ決めても実《じっ》態《たい》の信用秩序（生《なま》の経済）は昔のまま続いている。

アルゼンチンとザンビアなどは、すぐに「インフレ2000%」とかになってしまう。

アフリカ諸国もそうだ。自国の通貨価値がちっとも安定しない。ほとんどの国民はその日、その日暮らしで生きている。貯金なんかない。すぐにハイパーインフレを起こす。前述した世界の48カ国が、いつ潰れてもおかしくない状態だ。それでも独裁者や軍事政権による政治だけは必ず行われる。

一番大事な言葉は、debt（デット）だ。債務、借金だ。このデットのリストラクチュアリングのプログラムが債権（借金）の再編成（組み直し）の計画だ。そしてソブリン・デットも重要。「ソブリン」とは歴史的に君主《モナーク》、元首《げんしゅ》、王様、のことだ。国王、元首が国家主権者だ。昔は、王様は領土と人民をすべて所有した。統治者、支配者だ。この国家主権を「ソブリーンティ」sovereignty と言う。

日本人は、この国家主権というコトバの意味を実感で分からない。日本人全員に、この国家主権《しゅけん》、ソブリーンティというコトバを教えないことになっている。アメリカの属国だから、主権が、本当は無い。だから、主権というコトバの意味が分からない。「日本国民に主権がある」というコトバを知っている。日本国憲法前文と天皇を定めた第1条の中に「主権の存する国民の……」と書いてあるだけだ。日本は本当は、今も王国だ。君主制国家だ。敗戦後、日本の天皇は、今も元首（ソブリン）なのにソブリンではない。というチンプンカンプンを通り越す異様な国だ。日本人の脳は狂わされている。日本は民主政国家（デモクラシー）になったので国民が主権者だ、と。ハ？　とここで日本人は全員が深刻に考え込むべきなのだ。だが、それをしない。

日本は本当は、「外側（即ち外側から見たら）は今も王国《キングダム》（君主国《モナーキイ》）で、天皇という国主《モナーク》がいる。しかし内側が民主政体《せいたい》（デーモス・クラティア）で国民の代表たちが主権者である。代表たち（レプレゼンタティヴズ）が主権者（ソブリン）なんだぞ。本気でこのことを考えろ。私の本に書いてある。日本は「二重構造の入《い》れ子《こ》構造の国」である。このことの真実も、私、副島隆彦しか書かない。ああ、もう本当にイヤになったよ。私はもう40年間もこういう大きな真実を書いて、日本国民に伝えてきた。

だからソブリン・ボンドとはまさしく国債《こくさい》（国家借金《しゃっきん》証書）である。そしてソブリン・ボンドのデット。これがソブリン・デットで国家借金。これが返せなくなっている国々がある。それのリスケジュールとか、圧縮《あっしゅく》記帳とか、リストラクチュアリングをする必要がある、ということだ。

この「リストラクチュアリング」は、10年ぐらい前に「リストラ」という日本語になった。だから日本人はみんな知っている。この「リストラするゾー」というコトバの使い方は、「社員（従業員）のクビ切る」という意味だ。これでも一応、正しい使い方だ。だからまさしくデット（借金）をリストラするのだから！「借金」を棒引きにして踏み倒す、という意味だ。チャラ、パーにするということだ。「リストラ（クチュア）」の使い方は、複雑構造だから、これ以上は説明しない。真剣にやると気が変《ヘン》になる。会計学とか企業法《ほう》務《む》のむずかしい話になる。

世界規模で起こっている借金取り立て

企業経営者の所に、経営がうまく行かなくなると、借金取りが来る。貸した金を返せ、売掛金《うりかけきん》を払え、と押しかけて来る。本当に次々とたくさん来る。この人々が債権者《さいけんしゃ》たちだ。ここからが大事。こういうことは新聞とかは何も書かない。だけど分からないといけない。

ある中小企業に、1億円を貸していた。ところが、返してくれない。どうもあそこは危ない。あの会社は借金だらけだ。何度も返済してくれ、と言っても返事がない。この段階になった時に、貸し手（債権者）は昔なら暴力団に借金証書を売る。これを債権譲渡《じょうと》という。昔なら約束手形の裏書きとかでやった。

この1億円の借金証書を、暴力団が2割の2000万円で買う。暴力団はその1億円の額面の金を借りた社長のところへ行って「この証書のとおり全額を払ってくれ」と要求する。ところが、社長が「払えない」という。「払えねえ。この野郎、ぶっ殺すぞ」と、今は、言ってはいけない。今は、すぐに警察が来る。脅迫行為（の容疑）で暴力団員（ヤクザ）は逮捕される。暴対法《ぼうたいほう》が適用される。

「それならここから飛び降りて死ね」と脅す。これも今は言ってはならない。逮捕される。それでも返せない。時々ホテルに3日間監禁して、「返せ」「返せ」と言い続ける事例がある。今はこれも捕まる。反《はん》社会的勢力（略して反社《はんしゃ》）の排除に関する法律に違反する。

最後は、「分かった。それなら5000万円に負けてやる。5000万払え」となる。これを債権取り立て業という。債権取り立て業は今は弁護士しか出来なくなった。債権（借金）取り立てこそは、この世の中の本当の姿だ。本当の実社会《じっ》だ。こういう恐ろしいことに関わらないで、一生平和に真面目に生きられる人生は仕合わせだ。

そしてこのことが、いま世界規模で起きつつある。返せなくなっている債権（借金）の強引な取り立て騒ぎだ。貧乏な国々（の政権担当者たち）はあたりまえで、しょっちゅうこの「返せ、返せ」をやられている。そして返せないので、世の中の会社（企業）の倒産と、全く同じの国家破産が起きている。国家破産というとコトバとしては分かりやすいけれども、そんなに簡単なことではない。その背後に数百万人、数千万人のその国の国民がいる。

企業の経営者なら銀行に呼びつけられて、ガンガン攻められる。あるいは、ネチネチと、「こんなはずではなかった（最初の融資計画の時とは、全く情況が異なる）んですがね」と言われる。銀行は金貸し業の残酷な本性《ほんしょう》を現《あら》わす。そして融資の返済を厳しく迫る。国家の場合は、ＩＭＦと世界銀行から、大統領や首相としての責任を問われる。そしてその国の政府は、公務員のリストラ（大量解雇）や福祉の打ち切りをやらされる。この恐ろしさを私たちは分からなければいけない。それを大国であるアメリカがもうすぐ、やらされることになる。分かりますか？

このリスケジューリングとか、リストラクチュアリング（債権の再編計画）を、アメリカは、やるフリだけはする。しかし、どうせ「借金は返せない。返さない。返す気はない」となって、結局「踏み倒す」だろう。

借金返済の苦しみを中心に世の中はできている

これが世の中の苦しんでいる企業経営者たちの場合は、踏み倒せないから夜逃げをする。英語で「ラン　アウェイ」という。返せないから本当に社長が逃げてしまう。その日に、弁護士に頼んで申請して、破産宣告を裁判所に出してもらう。

この時、友達、親戚、銀行、商売仲間が、ひとり頭《あたま》5000万円とかの取りっぱぐれに遭《あ》って「あの野郎。逃げやがった」ということになる。みんなで裁判所に集まる。この時の裁判所のことを、特別に破産《はさん》裁判所と言う。しかし、実際には、普通の地方裁判所の中の普通部屋だ。そして裁判所の命令で債権者会議というのが開かれる。裁判所（裁判官）が任命する管財人《かんざいにん》が、その会社の破産手続きを実行する。破産管財人はだいたい弁護士だ。あるいは、企業を立て直すことで社会は信用と評判のある人物が、特別に選ばれて、「企業再建のプロ」として、その破産企業を何とか建て直す。

うまく再建することは難しい。中には企業乗っ取り屋と同然であるM&A（エム・アンド・エイ）の「企業の切り売りの専門業者」が、その企業を解体して、その中から金目《かねめ》のもの（特別な隠れた利益）を見つけ出して、それを上手に自分のものにする。あとは、自動車泥棒が解体屋（chop shop　チョップ・ショップ）として、バラバラにして、スグ二束《にそく》三文《さんもん》の値段で事業部門を売り払う。

破綻した会社の企業経営者は、もうだれにも顔向けできないで逃げた。たったひとりでオンボロ車で逃げたら、それで終わりではない。だいたいこういう社長たちは、伊豆半島に逃げ込む。私はその伊豆半島の入口である熱海に住んでいるから分かる。そういう人たちが、何気《なにげ》ない感じで、生きている。「あなたも訳《わけ》ありですか」と聞くと、相手は「はい」とうなずく。「訳あり」というのは、自分の会社が潰れた社長（潰した）のことだ。そういう人が伊豆にはたくさんいる。冗談じゃなくて本当の話だ。周《まわ》りの人たちが、「あの人は、元《もと》社長さんだったんだって」と囁《ささや》き合う。

関西方面からも逃げてくる。親兄弟、親戚、友達、同業者たちみんなに損させて恥をかいているから、東京や大阪の大都会をうろうろすることはできない。知人にばったり出会うからだ。だから伊豆半島に逃げてくる。平家の落人《おちうど》部落の伝説がある。山の中に逃げ込

借金を返済する苦しみを中心に、世の中（人間世界）はできている

借金を返せなくなった時の人間の切実な行動

❶夜逃げ（run away）する

❷ここから飛び降りて死ね！
と言われる

❸お前の娘を差し出せ
（アイル・テイク・ケア・オブ・ユア ドウター）
"I'll take care of your daughter."

み、海の上に出てしまえば、追討《ついとう》の軍勢に滅ぼされることはない。そういう場所が伊豆半島だ。ここに元《もと》経営者だった人たちがたくさんひっそりと暮らしている。「あなたも訳《わけ》ありですか」が挨拶の言葉として生きている。おそらくこの30年間で日本で200万社ぐらいの中小企業が潰れた。元社長たちは、ひっそりとひとりで貧しく魚釣《つ》りに出たりする。

私は、1999年(25年前だ)に、『熱海から見た崩《くず》れゆく日本経済』という本を書く企画を出版社で通したが、疲れ過ぎて書きあげられなかった。


ところが暴力団(ヤクザ者)の借金取り立てとちがって、借金を返してもらえなくなった時の、欧米白人社会の金貸し業者たちのおびえ方が分かるだろうか。貸してあったオフィスやアパートの家賃(レント)を払わずに夜逃げされたら、もうどうしようもない。彼らは、ワナワナと震《ふる》えてへたり込む。だから、ここから「(返す)約束は守らなくてはならない」という、格言《かくげん》がヨーロッパで法規範《きはん》となったのだ。そうやって法律学が生まれた。

もっと怖いことが、本当に日本でも、明治、大正、昭和の戦後まで有った。「返せないのならおまえの娘を出せ」となる。英語なら「アイル・テイク・ケア・オブ・ユア・ドウター」だ。「それなら娘を差し出せ」だ。ところが、そのドウター(娘)は、結婚して家族がいる。子供がいて小学校へ行っている。だから、両親のように夜逃げはできない。「じゃ、おまえの娘がどうなってもかまわないんだな」と脅される。あるいは「娘をソープランドに売るぞ」とか言われた。

ほんとうに一昔《ひと》（30年）前まで、そういう話が世の中にころがっていた。漫画そしてテレビドラマになった「ナニワ金融道」（原作青木雄二《かずお》。1990年から2003年刊行）の世界である。今は暴対法《ぼうたいほう》と「反社会的勢力を排除する法律」があるから、簡単にはこんな粗暴《そぼう》な行動はできない。それでも、実社会《じっ》では今も同じことが行われている。

世の中の真実は、そしてそれを大きく引き伸《の》ばした。世界規模での真実（国どうしや大企業どうしで）は、今もこれだ。このことを分からないで、世界の金融、経済の動きの、本当の姿を分かったことにはならない。私の今回のこの本は、この一点を徹底的に説明することで終わりにするつもりで書いている。私の本が、ただのそこらの金融についての本で、「金《きん》を買って、あなたも儲《もう》けなさい」という安直《あんちょく》（安チョコ）だと思うな。これが世の中の真実だ。

昔は「借金のカタにカツオ、マグロ漁船に1年乗って、500万円を返せ」ということがよく有った。だがもうカツオ、マグロ船に、日本人は乗っていない。日本のほとんどの遠洋漁業の拠点の焼津《やいづ》や沼津、三崎《みさき》や枕崎《まくらざき》のマグロ、カツオ漁船（300トン。20メートルぐらいある）は、アジア諸国に売られていった。インドネシア人、マレーシア人が、日本のマグロ、カツオ船ごと全部買っていった。そして獲《と》れたマグロ、カツオを日本の商社が大型冷凍船でまとめて買い付けに行く。今の日本人の体力では、もうあんな魚取りの肉体労働はできない。新興国の元気いっぱいの者たちが、それを代替《だいたい》している。

借金が返せなくなった時の人間のうろたえ方と苦しみ。そして片や、貸した金が返ってこないと分かった時の人間の苦しみ。この両方を中心に真実の世の中はできている。その事を分かってください。

今はもう「それなら指を詰めろ」とか、はない。「ここから飛び降りて死ね」も言ったら警察の生活安全課が来て、脅迫罪容疑で逮捕される。それでもときどき、「ホテルに監禁されていた経営者が解放され、債権者たちが監禁の容疑で逮捕」という報道がある。あれは周りが騒いで、なんとかあの人を無事連れ返してくださいと警察に通報するからだ。

警察は、民事《みんじ》不介入と言って、民間人（私人《しじん》）間の紛争（トラブル）には、なるべく関与しない。それでも借金を返せ、というのは民法上の権利だから、それには関わりたくない。しかし、それでも3日もホテルに監禁したら、監禁罪になる。ここでようやく警察が介入してくれる。そしてそこまでしかやらない。

欧米にもヤクザ者（広域組織暴力団）はいる。マフィアと総称される。血だらけで殺し合うマフィア映画がたくさんあるから、私たちも知っている。どうも日本人は、マフィアという言葉を安易に受け留めている。マフィアというのは本当にその国のヤクザ者で恐ろしいのだ。アメリカのマフィアの中に当然、債権取り立て業を専業でやる者たちがいる。loan shark　ローン・シャーク（借金かえせサメ）と呼ばれる借金を返せなくなった者を暗がりに呼びつけて、痛めつける。そして前述した「それならお前の娘をかわいがってやろうか」の "I'll take care of your daughter." の世界になる。このことを知らないで、キレイごとだけで金融、経済の話をするんじゃない！

第２章　ドル覇権の崩壊が始まる

米国債という借金証書を返せなくなったアメリカ帝国は没落する

アメリカ政府が「米国債は返せない（償還《しょうかん》できない）。返す気はない」と言い出した時、日本を含めた債権国たちに何ができるか。「クソ、この野郎。ぶち殺すぞ」とは言えない。アメリカの方が暴力団としては大物で強い。いま世界は本当はこの話し合いをしている。だから「デット・リストラクチュアリング・プログラム」債務の再編成計画、という言葉がものすごく重要だ。何十度でも書く。

第1章でずっと説明したとおり、今、ニューヨーク州議会やアルゼンチン国民議会で、「なんとか半分しか返さなくて済む法律をつくろう」「2割は返すけれども、8割は減免《げんめん》を求めよう」という話をしているのだ。P55で前出したジリアン・テット女史の記事にこのことを上品に書いていた。

この時アメリカは信用を無くす。アメリカはもうすぐ世界覇権国（the hegemonic《ヘジェモニック》 state）から落ちていく。なぜなら、米国債という国家借金を返せないからだ。

ドルはもうすぐ大暴落して120円から60円、40円、20円…と落ちて行く。だから日本政府はredenomination《リデノミネイション》(通貨単位の変更)を断行する。だから新紙幣の「10000円」札から「0《ゼロ》」をひとつ取り去って「1000円」札にする。それからさらに2年後ぐらいに「100円」札にする。そのとき

1ドル=1円

になる。

だから、植田和男日銀総裁と日本財務省（大蔵省）は、「アメリカはどうせ大《だい》借金を返してくれない。それなら、ドルの価値をこっちから切り下げてやる。あんまり日本を舐《な》めるな」となる。これが、植田和男や鈴木俊一財務相たち日本の勘定奉行《かんじょうぶぎょう》たちの本当の考えだ。私は国家戦略家だから、彼らと同じ頭《あたま》をしている。私だってずば抜けて頭《あたま》がいいから、いろいろなことを1秒でだいたい見抜く。

もうすぐアメリカの金融市場が変調を起こす。ドル暴落が始まる。為替市場で1ドルが140円、120円、80円、60円とガバガバ落ちていく。その時、アメリカ政府は、ドルの切り下げ（デヴァリュエイション devaluation）をする。平気でドルを半分とかにする。アメリカ国民は国内でドルで暮らしているからドルの下落と切り下げは直接は生活に関係がない。打撃はすぐには来ない。輸入品（ぜいたく品）の価格が2倍、3倍になって、生活に困るようになる。

それでもアメリカ国内で作っていない半導体や機械の精密部品（電子デバイス）の値段が高騰して、ただでさえ脆弱《ぜいじゃく》な製造業が打撃を受ける。外国から借りているお金はすべて返しません、となる。ヨーロッパ人も同じことをする。イギリスとアメリカの支配層は互いに通じている。まさしくザ・ディープステイトだ。

このようにして、世界中で隠れて持たされている米国債が信用をなくして紙キレになる。金融の別名が信用（クレディビリティ）だ。金融とは信用のことだ。信用が無くなったら誰もそんなものは買わない。

このことを中国が一番心配している。なぜなら、中国は日本の3倍の米国債を持っているからだ。『中国は嫌々ながら世界覇権を握る』（ビジネス社、２０２３年）という私の本で、私が「中国を嫌々ながら」と書いたのは、ばかアメリカが世界に残したばか借金を、中国が肩代わりして引き受けさせられることを恐れるからだ。今のまだ存在する（もうすぐ消滅する）世界銀行とＩＭＦ（兄弟組織。ワシントンに向き合って本部が建っている）が貧乏国たちに貸し付けて（借款《しゃっかん》）返済できなくなっている金《かね》を、中国が肩代わりさせられることを中国は今のうちから嫌がっている。

中国としては、貧乏な国々にいろいろ投資して、インドネシアの高速鉄道（高鉄《こうてつ》と言う。日本の新幹線を早くも90年代には泥棒した）のようなインフラをいっぱい作ってあげている。その国にとってどうしても必要なインフラ投資に、中国の資金が世界中で使われている。この事実に世銀＝ＩＭＦと英、米財務省を裏から（上から）動かしているザ・ディープステイトの超《ちょう》財界人たちが困りはてている。自分たちがこれまでやって来た借款《しゃっかん》（ローン）があまりに強欲でヒドいものだったと、貧困国たちにバレているから。

それに対してロシアと中国は、「アメリカは自ら潰れていく。その時は我々が組んで、これからの世界をなんとかしてゆく」と考えている。この世界新興大《たい》国同盟に、インドとブラジルとサウジアラビアが加わって組んでいる。これがＢＲＩＣＳ《ブリックス》である。ＢＲＩＣＳのＳは、南《サウス》アフリカだが、実際には、サウジアラビアに取って代わられつつある。ＢＲＩＣＳ首脳会談に、サウジのムハンマド・ビン・サルマンＭｂＳ《エムビーエス》王太子が必ず来ている。ＢＲＩＣＳはＧ７《ジーセブン》（西側先進国同盟）に、取って替《かわ》ってこれから世界を領導《りょうどう》してゆく。新しい世界体制である。だから、もうすぐＢＲＩＣＳ通貨という新しい世界通貨（ニュー・ワールド・カレンシー）が生まれて、今の、ボロボロの米ドルによる世界支配を突き崩す。世界中に秘密で持たれている米国債に替って、ＢＲＩＣＳ債券《ボンド》が発行されて、世界中の政府や金持ちたちが進んで購入する。信用のないドル建て債券を売り払いつつある。このＢＲＩＣＳ債券の資金で新しい世界通貨体制（ニューワールド・カレンシー・オーダー）

が始まる。

その新しい通貨体制の名前はまだ決まらない。そのための国際会議は、中央アジアの5カ国のひとつのカザフスタンで開かれるだろう。だが、カザフスタンの今の大統領トカエフが、アメリカとイギリス（ザ・ディープステイト）に、すぐに動かされる人物で、反ロシア（反プーチン）の動きをする。トカエフは中国の習近平に対してはヘコヘコして、上手な中国語で話しかける男だ。だからその時は、カザフスタンのアルマトゥ（アルマティ）ではなく上海で行われるだろう。そうすると、上海が今のワシントンDC《ディーシー》に替って、新しい世界銀行の本部になる。

「中国が台湾に攻めてくる」とか「日本も覚悟して中国と戦える軍備を持たなければ」とか、バカなことを言っている人たちが、今も日本に山ほどいる。そういう低能《ていのう》が、500万人ぐらいいる。それに対して私の本を読んできた皆さんはそんな愚か者ではない。世界の大きな動きを知っている賢い人たちだ。私の話が分かるだけ頭がいい。

米国債の隠れ借金で一番苦しんでいるのはドイツだろう

米国債の形でアメリカ政府が持つ隠れ借金こそが問題だ。この米国債が信用を無くしてもうすぐ崩れるからだ。なぜなら、あまりにも大量にわけの分からない形で、裏側で発行して、世界中の国々に散らばせて脅して買わせている。イギリスやフランス、ドイツにも持たせている。

ドイツが一番ひどい目に遭っているはずだ。同じ白人同士だから対応がキツい。「ナチスドイツがユダヤ人を大量に殺したからドイツを絶対に許さない」と今も言われている。ドイツ人は日本人よりも、英と米に今ももっと虐《いじ》められていると思う。私たちは真実をまだ知らない。日本人に対しては、英米はまだ甘い。

ドイツ人の本当の本当の本音《ほんね》を聞きに行かなければいけない。本物の正直なドイツ人に出会えて本音を聞けたら、次のように言うだろう。「ドイツは敗戦後（80年間）ずっとアメリカにひどい目に遭っている。本当はドイツはロシアと仲よくして、ヨーロッパだけで生きていける体制を作りたい。しかしイギリスとアメリカがそれを許してくれない」と。

本当のドイツ人はこのように思っている。

ドイツのAfD《アーエフデー》「ドイツのための選択」という新党も、フランスのマリーヌ・ルペン女史が率いるRN《アールエヌ》（国民連合。ラセンブルマン・ナショナール Rassemblement National）も、日本のメディアでは、極右《きょくう》政党とされる。そんなことはない。ドイツAfDも仏RNも、〝反移民〟の政策で人気を高めている。「もうこれ以上、移民（外国人）を入れるな。私たちは白人の国だ。もうこれ以上、キレイごとの多民族共存主義の人種平等、人種差別否定論はやめてくれ。外国人の福祉まで面倒《めんどう》をもうこれ以上見られないよ」というヨーロッパ白人の本音の声が出ている。日本の新聞、テレビは、ザ・ディープステイトの家来《けらい》、下僕だから、率直に正直にこのことを説明する者がいない。その新聞記事がない。

ここまでしつこく書いてきたとおりアメリカから世界中に流れ出したドルが、アメリカ国内に有るドルの量の20倍ある。それぐらいアメリカ政府は、必要に迫られて、ドルを刷り散らした。かつ米国債を刷り散らかした。足りない予算や軍事費もそうやって賄《まかな》った。アメリカだけは、それが許されてカネ（ドル）を使いたい放題でやってきた。そのうちの15％が日本にある。前述した。これで、「ああ、やっぱりそうか」とぴったり数字が合った。
この米ドル（米国債）は、財政規律《きりつ》に反し裏づけ（根拠）もなしに発行された。「入った収入しか使えない」という財政（ファイナンス）の原理に反している。限界まで膨らませたあぶく銭《ぜに》の泡、バブルだ。泡だから消えるはずだ。お金（マネー）のことを経済学の貨幣数量説では、流動性《りゅうどうせい》（liquidity、リクウィディティ）という。水もの、という意味だ。お金とは元々、水ものなのだ。国家（政府）が作って「信用のあるもの」として国民に使わせて流通させている。「融《と》けて流れりゃ、皆同じ。スッチャン、チャラララッラ」の京都の祇園《ぎおん》のお座敷小唄と同じだ。だから米ドルはもうすぐ10分の1の値段になる。米国債は紙キレになって消滅する。いや、消滅させられる。

日本政府はその時、リデノミネイションを断行する。今の１ドル１６０円が、円の〝切り上げ〟をやって、1ドル15円になる。アメリカは切り下げをやる。ＵＳダラー・デヴァリュエイション devaluation である。

ドルが描く放物線はもうピーク・アウトしている。頂点に達している。このあといつド

他の国家たちも連動する

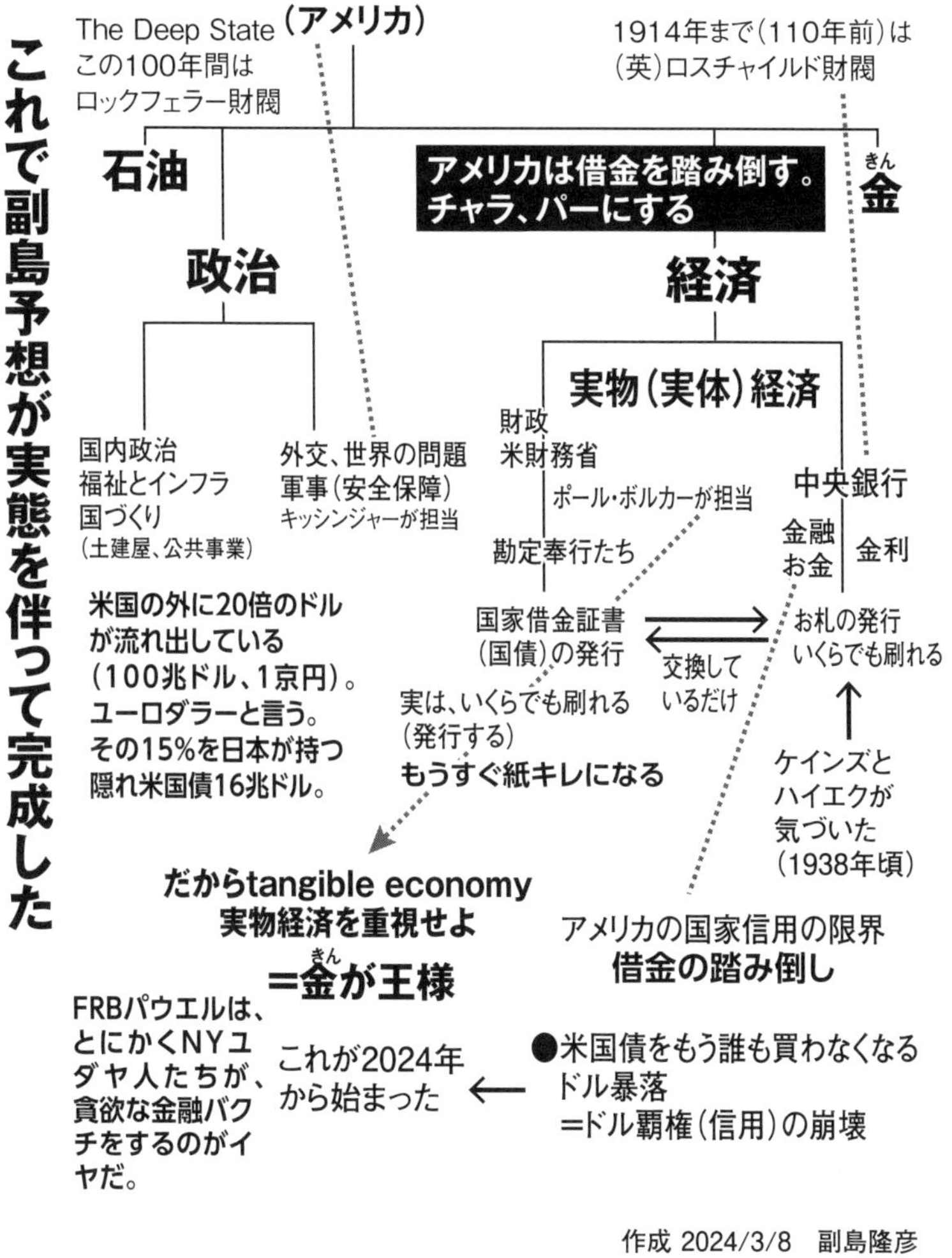

これで副島予想が実態を伴って完成した

作成 2024/3/8　副島隆彦

ルが暴落するか、じーっといま見ているところだ。却《かえ》ってあまりに急激に下がり始めない方がいい。蛇の生殺しでじわじわ下がってくれ。そうでないと、私が本を書く暇がなくなる（笑）。こうなったらドルを生殺しにしてやる。今年、来年、再来年でがらがら落ちて行け、だ。

その時にアメリカの国力はどんどん落ちる。借りたお金が返せなくなったら信用がなくなる。お金（金融）というのは信用そのものである。例《たと》えばだ。自分の仲の良い友達とずっと話していて、何十年もつき合ってそれぞれ自分の勝手な考えを言う。「それが君の考えで、意見か。それならそれを尊重するよ」と言っているうちはいい。ところがだ。その友達が、貸した500万円のお金を返してくれないとなったら、どうなるか。その人は人間として失格になる。人間として信頼されなくなる。その人の信用崩壊が起きて、人間として以後、信用されなくなる。だからお金というのは恐ろしいものなのだ。

日本財務省の1回当たりの為替介入は５兆円ぐらいだ

鈴木俊一財務大臣発言「米国債は売却できる」

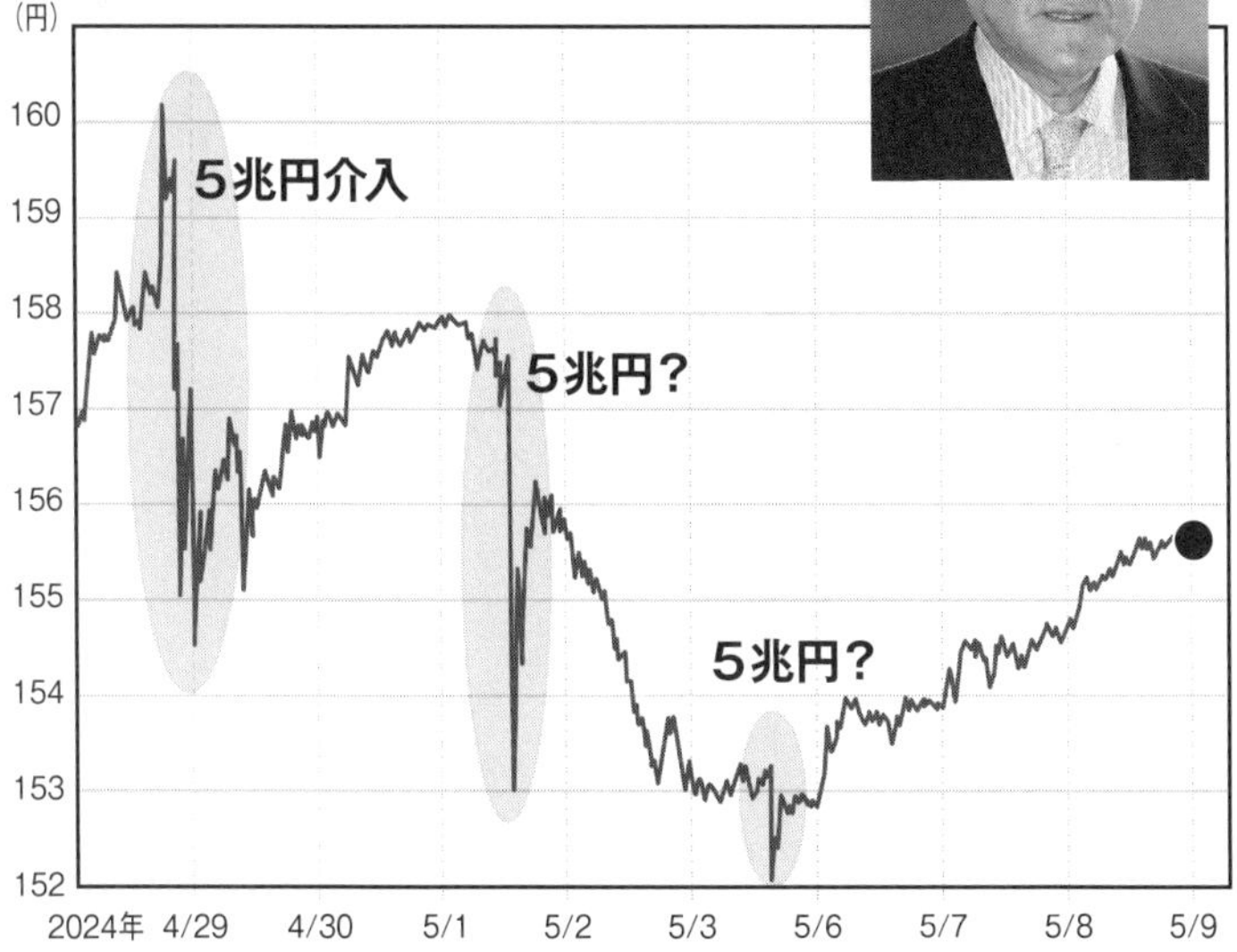

出所:ブルームバーグ他から作成

円買い介入の上限どこまで　財務相「米国債売却できる」

「米国との関係で売却できないということはない」。円買い・ドル売りの為替介入の原資として米国債を売却し、ドルに換金するのは難しいのではないか。鈴木俊一財務相は12日の衆院財務金融委員会で問われると、こう言明した。　（日本経済新聞、2024年4月22日）

もうすぐ1ドル＝120円台まで円高になるだろう。それを支える大きな構図

4月29日から、日本政府（大蔵省と日銀）が、1ドル＝160円を機会に、一気に「円安阻止《そし》介入」を行った。だから5月5日には、1ドル＝151円まで円高《えんだか》に戻った。日本政府の金融官僚たちは、一致団結して、「なにくそ。NYの投機筋《とうきすじ》、金融博奕打《ばくち》ちどもめ（その裏にアメリカ政府がいる）。日本国を舐《な》めているのか」で、5兆円規模の介入（円買い、ドル売り）を連続3回、世界中の外国為替市場を使ってやった。これからももっとやる。ここで「円買い」というコトバの使い方は不自然だ。日本人は円で円を買うことはできないのだ。「円買い」とはまさしく「ドル預金あるいは手持ちの米国債売り」のことだ。

私、副島隆彦の予測は、日本政府（大蔵省と日銀）の当面の目標は、とりあえず1ドル＝120円台に戻す、だ。それ以上の事ではない。

なぜ、1ドル＝120円に向かって動くなのか、と言うと、これまでの44年間の長期の

「ドル円の為替のグラフ」を見たら、一目瞭然だ（Ｐ49に載せた）。

なぜなら、この1ドル１２０円というのは、１９８０年代からの、日本の為替水準の範型prototype《プロトタイプ》であって、中央値である。この1ドル＝１２０円を基準として上下に10円ずつ動いて良い、というのは、欧米（Ｇ７）との密約なのだ。外交交渉での秘密の合意事項で有る。だから、「１２０円前後10円幅」なのである。

私は、ＦＸ《エフエックス》で為替の投機（ギャンブル）をやっている人たちが嫌いだ。為替の動き上下2円の値上がり、値下がりで、相場《そうば》を張っている。このＦＸ（エフ・エックス）取引、をやっているような、簡易な博奕《ばくち》打ちたちと私は付き合わない。たとえ「私は先生の本の愛読者です」と言う人が寄って来ても私は知らん顔をする。

このＦＸ取引というのは、外国為替証拠《しょうこ》金《きん》取引、と言って、馬鹿みたいに簡単なバクチだ。パチンコや競輪、競馬を半分本業《ほんぎょう》にしている者たちが、これもやっている。日計《ひばか》り商品で数時間の間に買って売りをやって取引を終わらせる。

これはＣＦＤ《シーエフディ》（コントラクト・フォー・ディファーレンス）と言って、差金《さきん》決済取引という。インターネットでやる。勝ち負けの資金の動かし方を、その日のうちに終わらせる単純ギャンブルだ。投資倍率《レヴァレッジ》が25倍でできる。だから、１００万円の元手《もとで》（種銭《たねぜに》）でその

25倍の2500万円の取引が出来る。ドル円の値動きが激しい時は、それなりに大きな儲けになる。生来のバクチ好きだけが嵌《はま》る取引だ。普通の人は近寄らない。

このFX取引は、同じ外為《がいため》市場での取引に見えるが、ちがう。銀行間《かん》で取引されるインターバンクの外国為替の取引市場とは別物である。博奕《ばくち》打ちだけのために作られた、民間用の市場だ。「くりっく365」という株取引もある。株式投資というのも政府が、わざとやらせている国民向けの小さなバクチだ。やりたければやりなさい、としか私は言わない。「新《しん》NISA《ニーサ》」とかも同じだ。どうせ損をさせられる。嵌《は》め込んでいる銘柄を見たらアメリカの投資信託（ファンド）ばっかりだ。

日本は手持ちの米国債を売ることができる

日本政府ごときには、世界の金融を動かす力はない。アメリカからの厳しい監視を、何とか逃れて、少しずつ新しい世界勢力である「貧乏大国同盟」即ちグローバル・サウス（BRICS《ブリックス》同盟）の方へ擦《す》り寄って行く、という動きにどうしてもなる。

これしかない。日本は徐々に中国とロシア（エネルギー大国だ。世界の天然ガスの価格

為替（ドル円の相場。直近3年）

（円）
155
150
145
140
135
130
125
120
115
110
105
100
20/1
20/7
21/1
21/7
22/1
22/7
23/1
23/7
24/1
（年/月）
2020/3/9
101.17円（安値）
2022/10/21
151.94円（高値）
160円に近づいたらドル売り介入する
2023/11/13
151.92円（高値）
2024年7月11日に一時157円台に円急
2024/7/1
161.39円
まず1ドル=120円に戻る。さらに円高になる。

輸入原材料の高騰のせいで物価が上がっているのはホント。しかし日本は決してインフレではない。デフレ（不景気）のままなのだ。

決定権をプーチンが握っている）を中心として、インド、ブラジル、サウジアラビアが引っぱってゆく動きに乗ってゆく。

今回の4月29日からの日本政府の「円安阻止のための介入」（1ドル＝160円から151円まで円高《えんだか》になった）の動きが起きる、その前の以下の日経新聞の4月22日の記事だ。

『円買い介入の上限どこまで　鈴木財務相「（日本政府は）米国債を売却できる」』

「米国との関係で売却できないということはない」。円買い・ドル売りの為替介入の原資として米国債を売却し、ドルに換金するのは難しいのではないか。鈴木俊一《しゅんいち》財務相は、4月12日の衆院財務金融委員会で（野党の議員から）問われると、こう言明した。

外国為替市場では、政府・日銀が（前回行った）2022年10月以来の円買い介入に動くとの警戒感がくすぶる（副島注記。あの時は、米国債を売った。合計10兆円ぐらいドルを売った。アメリカ政府は不愉快だった）。好調な米景気（副島注記。2022年中の当時は、アメリカ経済は好調とされた。この後《あと》おかしくなった）を背景に、米金利の先高観《さきだかかん》が強まった（副島注記。このときFRBは政策金利をどんどん上げた。2023年7月に年率5・5％にまでもっていった）。対《たい》ドルの円相場は下落が続く。足元では1ドル＝154円台と34年ぶりの円安水準にある。

（大蔵省と日銀が）円買い介入に踏み切る際は、ドルを売る元手《もとで》として「外貨準備（フォーリン・リザーブ）」を充てる。政府と日銀が保有するドル預金などの外貨建ての資産だ。財務省によると、3月末時点での日本の外貨準備の残高は1兆2906億ドル（およそ199兆円）ある。

実際に介入に動く場合は、まずは総額の1割（20兆円）を占めるドル預金を使うとみられてきた。8割以上を占める証券の多くは米国債とされる。これ（米国債）を売却してドルに換金すれば介入に使える。（だが、この手法は）利回り上昇圧力となるため米国（政府）の理解を得にくいとの見方があった。

ただし日本政府と日銀が2022年秋に9兆円超の円買い介入を実施した時は、米国債を売却したようだ。直後の外貨準備（の内訳《うちわけ》）は証券が減り、外貨預金残高はほぼ動かなかった（ことから判明した）。財務省の神田真人《かんだまさと》財務官は、当時、「原資は無限にある」と市場をけん制した。

（日本政府による）介入規模は（本当に）天井知らずなのか。BofA証券の山田修輔《しゅうすけ》氏は、「国内総生産（日本のGDP、570兆円）の2％（約12兆円）が上限になる」とみる。

米財務省は、（世界中の）相手国が自国貿易に有利な通貨安《やす》方向への為替操作（通貨ダンピング）をしていないか、を常に分析している。（アメリカ政府が持つ）基準の一つに「過去1年のうち8カ月以上の介入かつ総額がGDP比2％以上でないこと」がある。（副島注記。しかし日本政府の為替介入は逆《ぎゃく》方向である。自国通貨の切り下げ方向への通貨安《やす》ダンピングではなくて、円《えん》通貨の切り上げである円高を目指すものだ。だから日本の動きは、アメリカの監視目標とは異なる。）

直近の日本の22年秋の介入は円買いだった。山田氏はそれがこの範囲に収まる規模だったとして「（普通の諸外国とは逆方向の）通貨高《だか》誘導の介入だとしても、アメリカ当局は意識する」とみる。いまのGDP比2％は12兆円ほどになる。

仮にこの水準が上限だとしても、日本財務省はそう受け止められないメッセージを発信する可能性が高い。為替介入は、タイミングや規模を（副島注記。為替市場の参加者で円を投機で使っている者たちに）見透《みす》かされればされるほど効果が薄まる。別の日本財務省の幹部も「2％（しか介入できないと）なんて意識したことはない」と強調する。

従って鈴木財務相の発言も額面通りには受け取れない。今はわずかな米国債の売却でもインフレ退治に苦しむ米国を刺激しかねない（副島注記。アメリカ政府はほんの少しでも米国債の売却自体を嫌う）。（鈴木氏らの発言は）市場を疑心暗鬼にさせる戦略とも解釈できるが、通貨政策の戦略の要諦は「（余計なことは）言わぬが花」だろう。

（日本経済新聞、2024年4月22日）

この日経の記事は、日本政府の円高阻止介入を警戒するアメリカ政府の側に立った書き方だ。この記事はアメリカ寄りである。バンク・オブ・アメリカの山田修輔《しゅうすけ》が、日本脅《おど》し係を買って出ているのと同じく、日本政府はアメリカに逆らわない方がいい、という立場だ。

ここで、鈴木俊一財務大臣が、はっきりと、「日本は、米国債（ドル預金だけでなく）も売却できる」と言っている。日本の外為特会《がいためとっかい》の中にある外貨準備高《がいかじゅんびだか》にははっきりと公表されて積み上がっている金額は1300億ドル（200兆円）だ。このうちの8割を米国債が占める。ドル預金の分は20兆円しかない。この外貨準備（外為特会）に今も有る160兆円分の米国債（これは公表）の他に、日本は、1800兆円（16兆ドル）もの、隠れた米国債を持っているのだ。

2022年から円高阻止介入をずっと陣頭《じんとう》指揮してきた神田真人《まさと》財務官（59歳）が、6月28日に、3年の任期で退任すると発表があった。大蔵省は、このあとも介入を断続的に続ける。為替は160円前後で、膠着《こうちゃく》状態に入った。神田真人は、このあとアジア開発銀行（ADB《エイディビー》、本部マニラ）の総裁になる。黒田東彦《はる》がずっと居たところだ。アジア諸国の金融の要《かなめ》だ。BRICS銀行に国際金融のやり方を丁寧に教えているのはこのADBで

いい面構《つらがま》えをしている。「米国債を売らないと言ったことはない」

神田真人《まさと》財務官

「（私たち大蔵省は）米国債を売らないと言ったことはない」（5月2日）と明言した。これでアメリカの手先（代理人）日本人の金融アナリストたち（代表。バンクオブアメリカ証券の山田修輔）からの「米国債を日本が売れるわけはないですよね」という脅《おど》しを含んだ質問を、敢然と撥《は》ね除《の》けた。

である。

日本は大量に、それこそ死ぬほどたくさん、持っている米国債を売ろうと思えば売れるのだ。そのように大蔵省と、日銀の愛国官僚たちは、腹の底からアメリカに怒っている。私は、もう日本財務省というコトバがいやになった。大蔵省と書く。1999年まで使われていた大蔵省に戻せ。アメリカが大蔵省というコトバを意図的に、「大蔵落城《らくじょう》」の時に潰した。

こんな理不尽な円安（1ドル160円）を日本に強制して、日本から資金がアメリカにさらに流れ出す（高《こう》金利につられて）ことに、日本の国益《こくえき》に自覚がある人々は怒っている。

この外貨準備高《だか》の1300億ドル（200兆円）は、前記の日経の4月22日付の記事の最後にはっきりと書いてある。「財務省によると（2024年）3月末時点での日本の外貨準備の残高は1兆2906億ドル（およそ199兆円）」と。

そして、この外為特会《とっかい》に明示されている米国債のほかに、もっともっと、もっと膨大な量の米国債を、日米の裏帳簿《うらちょうぼ》で日本は買わされている。そのほとんどは、今や100年物の米国債だ。アメリカにこの40年間、毎年貢ぎ続けている。その金額は1800兆円（16兆ドル）だ。この金額があまりにも膨大なので、今でも、誰も私の言うことを信じてくれない。私、副島隆彦の本たちにだけ、この金額はずっと書かれる。

日本エリート官僚たちが、この数年だけでも、「それは出来ません。そんな法律は日本にはありません」と、アメリカ政府に逆らって、近年だけでも数十人が殺された。ほとんどは病死ということになっている。大蔵・日銀だけでなく、外務省も、総務省でも死んでいる。過労が原因の病死ということにされている。

この日経の記事自体は、鈴木財務相や大蔵省の神田真人財務官《ざいむかん》（事務次官に継ぐ大蔵省でNo.2。他省では審議官《しんぎかん》。対《たい》アメリカでの日本資金のやり取り、駆け引きをする係）の「日本は米国債を売れる」発言に憎しみを抱き牽制《けんせい》する立場から書いている。アメリカの手先言論である。日本のメディア（テレビ、新聞）によくいるタイプだ。上田《うえだ》ボーン記念賞とかを貰って、チンコロ犬《けん》として育てられた連中だ。それでも猶《なお》、「日本は、手持ちの大量の米国債を（ニューヨークの債券市場で）売ることができる」と客観事実を報道している点が重要である。ほとんどの人はこの発言に注目しない。

このあと起きた4月29日（月曜日。日本は祝日だった）からの、世界主要国の為替市場を使った、日本政府による「ドル売りによるこれ以上の円安を食い止める市場介入（インターヴェンション操作）」について、この記事は先行して書かれた。

日本政府は、これからもガンガン、保有する大量の膨大な米国債を売って、ドル預金に換えてそれを即座に世界中の為替市場で売ればいい。１４０兆円分（１０００億ドル）売れ、２８０兆円分（２０００億ドル）売れ。日本はいくらでも持っているゾ。

今こそ、アメリカのドルの支配体制を打ち壊せ。日本が最先頭となって。米国債を、アメリカ政府は無際限《さいげん》に発行して垂れ流しているのだから。そうすれば、１ドル＝１００円を軽く越えて、80円、60円、40円と、円高になって行く。と、私、副島隆彦はずっと書いてきた。

そんなことを、日本が出来る訳《わけ》がないと、私の周《まわ》りの人たちから冷ややかな目で見られてきた。いや単に無視されて来た。全く相手にされなかった。彼らにはそんなことを考える頭（知能、思考力）がない。それでも私の本のまじめな読者たちは、バカではないのだからこれから、私が書くことを、しっかり読みなさい。

日本が世界に先駆《さきが》け（ハービンジャー）となって、だぶついている米国債をニューヨークの債券市場で売る。そうすれば、サウジや他の貧乏大国のブラジル、インドたちが、日本に拍手喝采《はくしゅかっさい》する。さらにはアメリカと大きく睨《にら》み合っている大国のロシアと中国が黙ったまま喜んで、日本を見直す。日本も遂《つい》に動きだしたか、と。

サウジや中東諸国が大量の米ドルを金に変えるよう要求している

だが、そんなことが日本ごときに出来るわけがない。私は、ここまで書いて不愉快になってこのあとを書くのをやめた。そうしたら、昨日（5月5日）、私の読者から、次のような質問と情報提供が有った。

＊＊＊＊さまへ　　副島隆彦から

以下の貴兄からの貴重な情報をありがとう。

「サウジが金塊《きんかい》引き出しを米に要求」という記事がありました。お送りします。いつも、学問道場を拝見しています。中国のウィチャットを見ると、「サウジと中東各国とアフリカの主要国が、アメリカに（ＩＭＦへの出資金《しゅっしきん》として長年預けてあった）金塊の引き出しを要求している」とあります。米ドルの世界的な信用失墜が進んでいるのですか?

副島隆彦です。そのとおりです。私は、中国のSNS《エスエヌエス》であるウィチャット(トニー・マーが率《ひき》いるテンセント社のウィチャットペイの機能)を知りません。中国語も読めませんので。＊＊さんは、中国文を読めるのですか。この情報は貴重なので、皆に知らせないといけません。もうすこし詳しくこれらのネット上の会話のやりとりの文を、私に教えてください。

サウジアラビアたち新興国が、IMF＝世銀《せぎん》体制(ブレトンウッズ体制)の条約の条文に従って、IMFに預けている金《きん》地金を返してくれ、とか、「我が国が貿易で溜《た》め込んだこの大量の米ドルを、金《きん》の地金《じがね》に換《か》えてくれ、アメリカ政府よ」と要求するのは自然だ。

今の金《きん》ドル体制は、創立27年後の1971年8月には〝ニクソン・ドル・ショック〟で大きくぐらついた。アメリカ政府が金とドルの兌換《だかん》(交換)を、政府間では必ず行わなければいけないと定めているのに、それを一方的に停止したからだ。その原因は、英と仏の財務省が、「うちに溜《た》まっている、この大量の米ドルを約束どおり、金《きん》に換えてくれ」と要求した。そのときアメリカ政府は、「それは出来ません(それだけの金《きん》の準備《じゅんび》がもうありません)」と断った。ドル・ショックだ。これが再びもうすぐ起きる。ＩＭＦ＝世銀が創立(翌年１９４５年12月)されて来年で80年になる。

前回、英と仏がやったその役目を、今回はサウジや中東産油国と、インド、ブラジルの貧乏大国たちがやり始めた。それが前記の「手持ちのドルを金塊に換えてくれ」の要求だ。同じことが今、起きている。

もっと古くは、１９３１年に、イングランド銀行(ＢＯＥ。英国の中央銀行)に対して、当時の躍進《やくしん》する新興国だったアメリカの財務省が、「これらのポンド紙幣を、金《きん》に換えてください」と要求した。この時に起きた。イングランド銀行はそれが出来なかった。すでに新興大国のアメリカの方が実体の経済力でイギリスをはるかに追い抜いていた。

１８６５年に終わった南北戦争(アメリカの内乱。市民戦争《シヴィル・ウォー》。兵士80万人が死)の直後から、アメリカ経済は、目を見張るほどの急成長を遂《と》げた。勝利した１８８０年には、一気にイギリス(当時世界一)を追い抜いた。そして１９１３年(第１次世界大戦ＷＷⅠの前年)に、アメリカはイギリス(大英帝国)から実質で世界覇権(ワールド・ヘジェモニー)を奪い取った。正式の覇権交替は、前記した１９３１年の「英ポンド・スターリング体制の終わり」の年である。この時、米ドルの覇権が確立した。この１９３１年に、正式に金ポンドの兌換《だかん》体制が壊れた。その時までの１００年間の大英帝国を中心とする世界通貨体制が終焉《しゅうえん》した。世界覇権《ワールドヘジェモニー》は１００年の周期《サイクル》で移動する。イギリス（大英帝国）に覇権が移ったのはその１００年前の１８１５年、ヨーロッパ皇帝ナポレオンをワーテルローの戦いで打ち破った時からである。本当に世界覇権は１００年（から１２０年）で移るのだ。この単純で明確な人類史（世界史）の原理《プリンシプル》を理解する者が、日本にはほとんどいない。いくら言っても（書いても）分からないのだ。

　このように１００年ごとの過去の世界史の動きから分かる。だから今、世界で何が起きているか。もうそろそろ皆さんの頭《おつむ》（知能）でも、分かるでしょう。それでもアメリカ様《さま》に、自分の脳の芯《しん》（頭のてっぺん）から、長年やられている（洗脳されている）者たちは分からない。ここでダメ押ししてやる。つまり、もうすぐ世界覇権はアメリカから中国に移るんですよ、分かった？

ドル基軸からＢＲＩＣＳの新通貨体制に移行する

本当にあと少しで世界が変わる。おそらく今年の10月の、ロシアの中央の都市エカテリンブルグで開かれるＢＲＩＣＳ首脳会議で、新《しん》世界通貨（ＢＲＩＣＳ通貨。ただし政府間でだけ通用する。この他にＢＲＩＣＳボンド（債券）を発行する。これは世界中の金持ちが買う）が出来る。これが、今のドル体制の次の受け皿になる。中国は、自分が先に手を出して、米国債を大量に売ることをしない。

中国は、自分から先にケンカは売らない。アメリカと直接対決（激突だ）することを上手に回避している。アメリカが勝手に崩れることをじっと待っている。中国が、ＮＹの債券市場で、米国債を１０００億ドル（７０００億元《げん》、14兆円分）も売れば、現在の世界ドル体制は、一気にガラガラと崩れるのだ。

これを、現代の〝金融核《かく》爆弾である〟と、私はずっと呼んできた。

このことをアメリカは怖れている。だから4月にイエレン財務長官が、そしてブリンケン国務長官までもが北京に行って中国を牽《けん》制している。アメリカは中国に下手《したて》に出て、

「お願いだ、米国債を売らないでくれ」とは言えない。あくまで居丈高《いたけだか》である。威張《いば》っている。常に自分の方が強国であり、大国である、というデカい態度を取る。

だから、イエレンとブリンケンが何をしに北京に行ったのか訳《わけ》が分からない。中国に対して、「ロシアの肩を持つな。ロシアに（ウクライナ戦争のための）軍備品（特に自爆型ドローンの技術）を売るな」というような、周囲を煙《けむり》に巻く発言ばかりする。習近平はこの2人に会わない。対等ではないからだ。No.2の首相の李強《りきょう》が、困ったような顔をして会って、「ウン、ウン」と話を聞いている。アメリカの本心が「中国よ、NY市場で、米国債をまとめて売るな。売ったら、即時（その瞬間に）その取引を、瞬殺で、無かったことにする。消滅させる。そしてアメリカにある中国政府の資金をすべて凍結する《フリーズ》」と、緊急の金融統制令を発動する、と脅している。これが、最新の米中関係の真の協議内容だ。世界中には、まだこのことは漏《も》れ伝わっていない。

「もし、中国が米国債売りをやるなら、アメリカとしては、中国をSWIFT（スウィフト）から締め出す」と脅している。この手口は、ロシアに対して、2022年2月24日のウクライナ侵攻の日に、即日で実施した。つまり始めから待ち構えていたのだ。これと全く同じ手だ。SWIFT（国際銀行間通信協会）から締め出されると、中国からの銀行送

世界経済は
これからこうなる

米国債崩れ ＋ ドル大暴落

↓

ドル覇権の崩壊
＝
ドル基軸通貨体制の終わり

↓

中国を中心とした
BRICS（グローバルサウス）
が受け皿となる通貨体制

金と決済《けっさい》のすべての銀行取引（即ち貿易の全部）が停止される。国際通貨体制（西側同盟《ザ・ウエスト》）からの中国の追放である。

あのロシア追放の翌日（25日）英米のワルたちは、欧米諸国の中央銀行に預けてあったロシア政府の預金総計２８００億ドル（40兆円）を、強制的に差し押さえた。forefeitureフォーフィチュアした。ロシアを犯罪性国家として「犯罪者と認定された者の持つ金融資金は刑事法の発動で、強制的に没収できる」とアメリカ財務省と司法省、そして西側《ザ・ウエスト》諸国が奪い取った。だからフォーフィチュアは、ただの「外国資産の凍結《フリーズ》、封鎖」ではない。強奪である。

この時、２月25日、日本では、あの凶悪なマイケル・グリーンが、自ら米大使館職員を引き連れて、日銀に乗り込んだ。そして大声で日本語で「日銀にあるロシア政府の外貨預金、５兆円（４００億ドル相当）をすべてアメリカに引き渡しなさーい」と喚《わめ》いた。このあとグリーンたちは大蔵省にも行った。外務省にも行った。日本の官僚たちが、「日本にはそんな法律は有りません。日本はロシアと戦争していません。敵性国の資産没収の法律は、今の日本にはありません」と必死で抵抗した。こういう闘いだ。日本側は、「それでは、日本としては、ロシア政府の資金を保護預《あず》かりの別段預金《べつだんよきん》ということにします。これで納得して下さい」とアメリカ政府と妥協した。それでもこのあと、日本の各省の官僚トップたちの一致団結した怒りは収まらない。「クソ。あのマイケル・グリーンの野郎め」ということで、グリーンは5月に日本を去った。そして後ろ盾を失った安倍晋三が7月8日に死んだ。

これらのことを、あの時、金融本に書いたのは、日本では私、副島隆彦だけだ。今も、他の人は誰も書かない。何という国だ。

習近平は、アメリカに対して困った顔をして、不愉快そうに言う。やや見下《みくだ》している。「バカだなあ、お前たちは。今、中国が、お前たちを追い詰めたら、お前たちは、何をするか分からない（核兵器を撃つかも）。だから、中国からは先に手を出さないよ」と、このように返事をしているはずなのだ。どっちが大人の態度だ。

だが同時に、習近平は「でも、どうせ、他の新興国（貧乏大国の同盟《アライ》（ally）たち70カ国ぐらい）が、もう黙っていないだろうなあ」という顔を、している。

このように、私は読者からの情報提供に対して返事のメールをした。

今、世界はこのようになっているのだ。だが、私がこのように、「今、世界で起きている大きな事実」をいくら書いても、少数の私の熱心な読者たち以外は、分かろうとしない。世界は今も「強いアメリカ、強いドル」で動いている。そのように信じて疑わない、嗚呼《ああ》。

私は、毎日、毎日が不愉快だ。「ほらみろ、バーカ。アメリカとザ・ディープステイトども」と呪詛《じゅそ》している。だから不愉快だからこのことをなかなか、一冊の本にしようとしない。何故なのか、自分でもわかりません。ただ不愉快だ。もう、たくさん、これまでにこういうことを自分の本に書いた。そうやってこの30年が経《た》った。私の人生の30年間が過ぎ去った。同じく私の本の読者の皆さんの30年も過ぎていった。

世界（人類史）のこの30年も過ぎた。日本は何とかここまで平和で、生きて来られて良かった。もう32年も続く（１９９２年から）日本のバブル崩壊後の不景気で、すっかり沈《ちん》滞《たい》、鬱屈《うっくつ》したままの貧乏なままの日本だ。国民生活は疲弊《ひへい》して、国民の下《した》の方の５０００万人は、本当に貧乏だ。コンビニ弁当３００円みたいなものを食べて生き延びている。日本国内の大量の馬鹿たち。アメリカの手先ども。一緒にアメリカと心中しろ。この者たちを、私は、もうこれ以上、説得《せっとく》する（persuade　パースウエイドする）気が無い。編集長だけが、「早く本を書いてよ」と、せっつく。これがまた本当にイヤだ。これが私の日常だ。「日本では、唯一、私だけが、正確に大きく世界の動きを理解し、説明している」という自負から出て来る、不愉快さだ。他に言いようがない。

来年でＷＷⅡ《ダブリュダブリュトゥー》（第２次世界大戦）から80年だ。大戦の終結（日本は敗戦）から戦後80年が経《た》った。前記のとおり世界（史）は１００年（戦争の循環）の周期で動いている。次の新しい新世界体制（ニュー・ワールド・オーダー）が始まる。私は世界民衆に夢と希望を持たせるように「新しい世界が始まる」と書いてもいいのだが、そういう訳《わけ》にも行かない。新たに冷酷で厳しい世界の次の新体制が始まる。それは、同時に新《しん》世界通貨体制でもある。

今のアメリカが世界の一極《いっきょく》支配体制である時代が終わる。「パクス・アメリカーナ」Pax Americana アメリカの力による世界秩序　が終わる。Pax Romana《パクスロマーナ》 古代ローマ帝国による支配の真似だ。いいことだ。実に良《よ》いことだ。よーい、よーい。それで、よーし、よーし、だ。

副島隆彦が、この5年間（5年前からの私の金融本で）書き続けただろ。「2024年に、世界の金融経済が変わる。アメリカのドルによる支配（ドル覇権）が終わる」と。今頃になって、「ああ、そうか。やっぱり、副島隆彦が、2024年にアメリカで大きな金融危機が起きて、アメリカが没落する、の予測のとおりだったんだ」と、分かる人たちがどんどん増える。これを私がしつこく書くと、威張りん坊の、自己満悦《まんえつ》の人間になる。「ほらな。私が言ってきた（書いてきた）とおりだろ」と、何十回も言うと嫌《いや》がられる。それでは私は、どうしたらいいんだ。

今年の2月からの、金《きん》（ゴールド）の地金《じがね》（インゴット）の価格の大上昇があった。金は、今、だいたいドル建てで1オ（ウ）ンス（31・1グラム）＝2380ドルぐらいだ。日本国内では、卸《おろし》で、1グラム＝1万2300円。小売りなら、1万3600円だ。もう少し下がるのを私は期待しているのだが、下がらない。「下がったら、（そこが買い場だから）買いなさい。今からでも間に合いますよ」と言っている。暫《しばら》くしたら、また上がりだす。だから今からでも、金《きん》を買いなさい。次の章（第3章）は金《きん》の話をする。

第3章　やっぱり金は3倍になる

ゴールドマンサックスが金価格2700ドルを予想

ここから金《きん》のことを書く。金が激しく値上がりした。2月から始まってこの4月、5月に金価格の高騰《こうとう》が起きた（左の表を参照）。この事実はみんなが確認して知っていることだ。

金の国際値段であるNYのCOMEX（コメックス）の先物《さきもの》市場で、金の最高価格は、瞬間で**1オ（ウ）ンス（31・1g）=2474ドル**をつけた。2400ドル台を軽く超えた。これは5月20日のことである。ついにここまで値上がりした。現在は、1オウンス=2380ドル台で推移している。しばらく揉《も》み合ったあと、金の国際価格（世界値段）は、さらに3000ドルを目指し、そして4000ドルになる。この予測が欧米の専門家や業界人たちから次々に出た。

以下に載せるとおり、なんと、金への憎しみをずっと抱いて〝金殺し〟を執拗に自分の手で実行してきたゴールドマンサックスの予想屋（アナリスト）が、「金はこのあと2700ドルを目指す」と書いた。その証拠の記事を以下に載せる。日経新聞の4月19日の記

1オンスあたりの国際金《きん》価格

(1975~2024年の長期49年間)

出所　貴金属商金推移価格、COMEXの中心限月終値を参考にして作成

事である。

主要金融機関の金価格見通し

社名	価格見通し	主な理由
UBS	年末1トロイオンス2500ドル	中央銀行やETFの買い
シティグループ	今後12～18カ月に3000ドルの可能性	物価高と不況の併存やドル離れ
バンク・オブ・アメリカ	25年末までに3000ドルも	中央銀行と中国個人の需要
ゴールドマン・サックス	年末までに2700ドル	米利下げや米大統領選

（注）ロンドン現物

『金、3000ドルに上昇予想　地政学リスクで「安全資産」需要』

金融機関は相場を追うように金《きん》の予想を引き上げている。

米バンク・オブ・アメリカ（BofA）は2025年予想を、平均2150ドルから2500ドル程度に引き上げ、さらに3000ドルの可能性も指摘する。米シティグループも今後1年から1年半に3000ドルとなるシナリオを示した。米ゴールドマン・サックスは年内に2700ドルとみる。

金《きん》価格の先高観《さきだかかん》の背景にあるのは「複合リスク」と呼べる幅広い不安だ。

まず地政学《ちせいがく》（ジオポリティカル）リスク。ロシア

1グラムあたりの金《きん》の国内小売（税込）価格

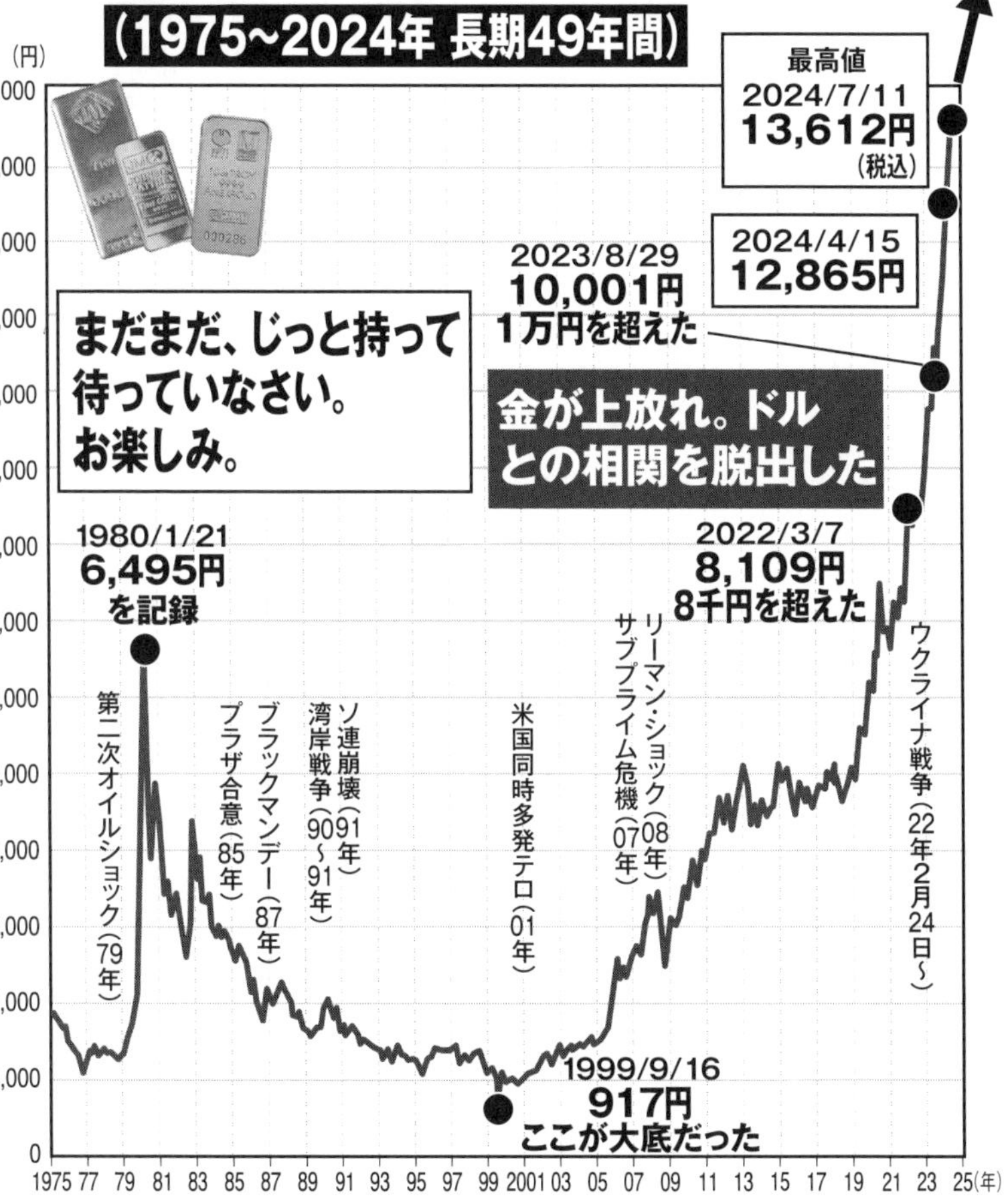
（1975~2024年 長期49年間）
（円）
14,000
13,000
12,000
11,000
10,000
9,000
8,000
7,000
6,000
5,000
4,000
3,000
2,000
1,000
0
1975 77 79 81 83 85 87 89 91 93 95 97 99 2001 03 05 07 09 11 13 15 17 19 21 23 25（年）
まだまだ、じっと持って待っていなさい。お楽しみ。
金が上放れ。ドルとの相関を脱出した
最高値 2024/7/11 13,612円（税込）
2024/4/15 12,865円
2023/8/29 10,001円 1万円を超えた
2022/3/7 8,109円 8千円を超えた
1980/1/21 6,495円を記録
1999/9/16 917円 ここが大底だった
第二次オイルショック（79年）
プラザ合意（85年）
ブラックマンデー（87年）
湾岸戦争（90～91年）
ソ連崩壊（91年）
米国同時多発テロ（01年）
サブプライム危機（07年）
リーマン・ショック（08年）
ウクライナ戦争（22年2月24日～）

出所　田中貴金属等の資料をもとに作成

によるウクライナ侵略から、イスラエルによるガザ地区への攻撃と戦争が続いている。米中対立も緩和が見えない。

地政学リスクが、米国からの米ドルを使った経済制裁を嫌った中国など各国の中央銀行による金《きん》買いにつながっている。スイスのUBSウェルス・マネジメントは、「これまで価格に敏感でなかった（世界中の）中央銀行が、数カ月にわたり金《きん》を（市場で買って）積み上げ続けている」とみる。実際、中国人民銀行は3月末時点の外貨建て準備における金の保有量を17カ月連続で増やした。

ゴールドマンは、「米選挙や財政措置に伴うテールリスク（起きる確率はきわめて小さいが発生したら劇的となる事象）」を指摘する。市場には、トランプ前大統領が（11月5日に）再選すれば、米中関係が冷え込む。このほか、米政府によるウクライナや中東への支援・関与が後退する懸念がある。

（日本経済新聞、4月19日）

このように、バンカメ、UBS（スイス銀行）、シティバンクだけでなくゴールドマンまでが、「金1オンス＝3000ドルになる。それは、2024年末までにだ」と予測を出した。私たちは、彼ら世界の金融市場で旗《はた》振りしている者たちの金《きん》の大値《だい》上がりの予想を軽く見てはいけない。彼らは長年、金《きん》への憎しみを込めて、元々《もともと》紙キレでしかない有価証券（securities　セキュリティーズ　元々はいざという時の保証という意味）を、まるで財宝《ざいほう》　treasures《トレジャーリーズ》　だと言いくるめて来た者たちだ。

例えば、アメリカ財務省のことを英語で「トレジュアリー・デパートメント」The Treasury Department（財宝省だ）と呼び続けている。真実は、米国債《ナショナルボンド》という国家借金《しゃっきん》証書を発行して民間から資金を吸い上げて国家予算を執行して来ただけの役所だ。日本の歴史では政所《まんどころ》や勘定奉行《かんじょうぶぎょう》だ。それが宝島《たからじま》　トレジャー・アイランド　だと言いくるめることで現代国家は成り立ってきた。

この記事に、「地政学《ちせいがく》リスク」geo《ジオ》-political《ポリティカル》 risk《リスク》 という言葉が頻出しているが、この地政学リスクというコトバは、キッシンジャー博士が論文（著作）で多用するようになって、それを金融経済の分野の連中が、自分の論文で使うようになった。「世界政治が経済に大きな影響を与えている」という意味だ。地《ち》（理《り》）政《せい》（治《じ》）学《がく》（ドイツ語ではゲオ・ポリティーク）についてはもう説明しない。

金《きん》の日本国内での値段は、小売り（リーテイル）値段で、5月21日に最高値段で1グラム＝1万3477円をつけた。これは田中貴金属の発表である。去年の8月に「金は1万円になった」と騒がれてから、それ以来、ここまで来た。

あと少しで1万4000円だ。金の卸《おろし》（ホールセール）での値段は、その前日の5月20日にTOCOM《トコム》（今は大阪取引所。JPX《ジェイピーエックス》 日本取引所の一部）で、1万2263円になった。これに、消費税の1割と少しの手数料の合計である1214円を付け加えた金額が、前記の田中貴金属の小売り値段である。直近の7月11日時点での金の日本国内の小売価格は、1万3612円で最高値をつけた。

「金は3倍になる」という私の予想どおりになりそうだ

私は去年（2023年）の12月に『金融恐慌が始まるので 金は3倍になる』（祥伝社刊、12月10日発売）を書いて出した。この本で、「これから金は3倍になる」と書いた。このことが、今大きく認められている。なぜなら、去年の12月にはまだ小売価格は、1万500円ぐらいだった。金の小売価格が1万円を超えたのは、その4カ月前の8月29日で

金《きん》の国内小売価格は
今1グラム=13,000円台

出所　田中貴金属の資料から作成

金《ゴールド》の国内の卸《おろし》価格

小売りは、これに1,100円足す（直近8年間）

出所　日本取引所グループ（JPX）　大阪取引所の資料から作成

ある。この時も、私は「まだまだ上がる」と金の値上がりをずっと予言してきた。だから私の予想が当たった、と喜ばれた。

そしてさらにそのあと、「金は3倍になる」と書いたものだから、私の周りにいる人たちが白《しら》けた。私の身近な人々や編集者たちまでが知らん顔した。とてもそんな3倍なんて、有り得ないよ、という顔をしていた。

ところが、前述したとおり金が3、4、5月で1万3000円台になった。すると日本国内でも、金の専門家や予想家たちが「年内に1万8000円になる。そして来年（2025年）には2万円になる」と言い出した。その証拠の文を以下に載せたいが、こんなやつらの名前を書くのも私は嫌だから載せない。何が金《きん》の専門家だ。私が「金は、これからまだまだ」3倍になる、と言ったことを無視したり、嘲笑《あざわら》ったりする人間たちが消えた。私のことを、途方もない、とんでもない、ホラ吹き男爵だという人がもう消えていなくなった。

金の値段はまだまだ上がる

金の小売価格はいま7月11日で1グラム1万3612円だ。もうすぐ1万4000円になる。そして1万4000円、1万6000円になっていくだろう。とうとうここまで来た。

読者のなかにはこれまでに、過去に金1グラムを3500円で買った人、4000円、6000円で買った人。もっと前の10年前に1グラム1500円で買った人もいる。いろいろな人がいる。

1キロバー（延板《のべいた》）を買うのだったら、小売りで消費税の10％と手数料の3万円ぐらいかかるので、1300万円ぐらいだ。いくら価値が落ちても、もう1グラム＝1万3000円は割らないだろう。もうこの1万3000円は岩盤《がんばん》になっている。だから金を買うんだったら今からでも買いなさい。1万3380円でもいい。ちょっと落ちたら、1グラム1万2800円ぐらいで買いなさい。

１グラム当たり金《きん》の小売りの値段で、長期の49年間のグラフを載せた（P153）。このグラフの1999年の１グラム＝917円という数字は、１キロの金《きん》を92万円で買えたということだ。100グラムだったら9万円だった。いまはその15倍になって140万円だ。ウクライナ戦争も起きたので、１グラム8000円を超えたのは2022年3月だった。2年半前だ。１万円を超えたのは2023年の8月。そして、いまは１万3800円になった。まだまだじっと持《も》っていなさい。人生のお楽しみということです。

まだまだ買いたいという人は少し時期を見て買い増しなさい。これまで買ったことのない人はさっさと買いなさい。もう十分買ったという人は、じっと待っていなさい。今のこの時期に金《きん》を売る、などという愚かなことをするんじゃない。

だが、人間にはそれぞれ人生事情《じじょう》というものがある。何と、この私だって、ギリシア彫刻の女神《めがみ》像（ゴッデス・スカルプチュア）を入手するために少し手放した。

やっぱり野口コインで金を買うのがお得

野口コインで買いなさい。福岡に本社があるインターネットを通した通信販売の会社だ。

野口コインは、野口貴志《たかし》という社長がしっかりしている。ネット上の店舗《てんぽ》である野口コインのページの看板に、「ザ・ロイヤル・ミント」と書いてある。

「ザ・ロイヤルミント」The Royal Mint という言葉は、イギリス王立《おうりつ》造幣局の正規の代理店（エイジェント）という意味だ。野口コインはこのロイヤルミントの資格を持っている。日本人がミントという言葉を聞くと、ハッカのことしか思いつかない。ペパーミント peppermint のことだと思う。そうではなくて、ミントには造幣局の意味がある。「貨幣（金貨）を造り出す」という意味がミントの第1定義だ。お金をたくさん儲ける、という意味がある。だから、これがイギリス王室の直営事業だということだ。

だからこのザ・ロイヤル・ミントというのは、日本で言えば、幕府の直営の金座《きんざ》、銀座《ぎんざ》だったのだ。銀座はよく知られているが、江戸（東京）には金座《きんざ》も有ったのだ。今の八重洲から日本橋の方へ向かう古い街角にかつて金座が有った。

野口コインは、だからイギリス造幣局《ぞうへいきょく》製のブリタニア金貨を、他社よりも安く買える。野口コインだと、いまは1オンス金貨一枚（31・1グラム）が、37万4400円だ。田中貴金属だと37万5000円だ。田中貴金属は送料が2200円かかる。野口コインだと送料は一律1000円で済む。だから、3000円ぐらい安い。これを野口コインのホーム

野口コインの実店舗
（福岡市天神）

メイプル
リーフ金貨

ウィーン金貨
ハーモニー

ブリタニア金貨

374,480円
（税込）
（2024年3月11日）
送料1,000円

まだまだ金を買おう。

私は野口コインに要請する。

東京進出してください。

多くの資産家が「通信販売は不安なので、現物を直接、自分で買い（売り）に行きたい」と望んでいる。


2024年3月11日田中貴金属では、メイプルリーフ、ウィーンハーモニー金貨375,507円（税込）送料2,200円。送料込みだと、野口コインが約2,200円安い

ページから入って通信販売で買いなさい。

国際金価格はやがて3000ドルを突破してさらに上がる

左の図は、短期6年間の国際金《きん》価格の動きだ。2020年8月に国際金（金の世界での値段）は2000ドルになった。2000ドル超えを達成したあと、2024年にうなぎ上《のぼ》りが起きて、2400ドルに達した。5月20日には2464ドルで最高値をつけた。2020年、2022年、2023年と、2000ドル台を3回超えている。ですから、ここを上離れてもうすぐ3000ドルを目指す。もう2000ドルを割ることはない。

P151の図は、1975年から49年間の長期の価格推移だ。一番安い時は252ドルだった。1999年だ。今から25年前だ。昔から1オ（ウ）ンス（31・1グラム）での値段だ。日本円に直した時は、1キロで85万円。それが25年たってぐーんと上がって、ここまできた。2005年までは1オンス＝400ドル台だった。2008年8月のリーマン・ショックから1オンス1200ドルぐらいになった。このあたりで買った人は2倍に

国際金《ゴールド》は2,400ドル/オンスになる。3,000ドルを目指す

NY金《きん》の値動き短期6年

出所　金先物取引ー6月 2024(GCM4) Investing.com

〝スリー・トップ〟からさらに上離《うわばな》れた。

値上がりしている。金はまだまだ上がる。もうすぐドルの暴落が起きて、アメリカによる世界支配体制（金《きん》ドル体制及びドル石油体制）が終わる。それに取って替わって、世界中で金《きん》価格は上がる。このことを分かってもらいたい。

「為替のことが気になる。為替はこのまま円安ドル高なのか」などと心配するのはもう、止《や》めなさい。世界は、日本ごときを中心に動いていない。日本なんか相手にされていない。今は、米ドルがとにかく強い通貨のフリ（ドル高）をさせている。アメリカの金利を作為的に吊《つ》り上げて（5・5％）、アメリカに世界中から資金が集まるように計画的に仕組んでいる。それももうすぐ限界が来る。ドルの衰弱とアメリカの実態が、世界中にバレる日が来る。その時、人類は再び、金《きん》という鉱物資源を客観的な価値の基準とする世界体制に戻ってゆく。

日本は技術（テクノロジー）がすごい。ソニー、パナソニック、NEC、日立といった大企業2000社（子会社まで入れると15万社）の技術屋たちが世界で通用する。あとの国民は、ただのぼんくらが多くて大したことはない。ただし真面目に働く国民精神は今も残っている。世界の動きから見たら、日本は国内に大きな分裂はない。ただし、今も反《はん》共右翼《きょううよく》の精神をした頑迷な人間たちが、経営者層を中心に500万人ぐらいいる。この者たちが、今、急激に考え（信念）を変えつつある。「思ったよりロシアと中国は強《つえ》えなあ。オレもちょっとは生き方を変えないと、この先、やってゆけないかも」と、いつの間《ま》にかの、恥知《はじし》らずの思考転換（転向《てんこう》）をしつつある。

あくまでドル暴落が今後の世界の中心である。そしてドルの暴落は金《きん》との比較で決まる。金《きん》とドルの戦いで、金《きん》が勝つのである。

来年の2025年で敗戦後80年になる。この時、アメリカは世界覇権国（ザ・ヘジェモニック・ステイト）をやめる。その地位から転落する。ドルが他の通貨に対して下落を急激に始める。日本円との関係だけではない。世界中のすべての通貨に対してドルの暴落が始まる。

金の価値は金自身が生み出す

金《きん》の値段、金《きん》の価値は一体だれが保証《ほしょう》しているか。

金は金自体が自分の価値を保証しているのである。政府の保証とか、お役人さまとかほかの公的機関が保証しているのではない。あのふざけた格付《かくづ》け会社（レイティング・カンパニー）とかが決めるのではない。「ムーディーズ」と「S&P（スタンダード・アンド・プアーズ）」というアメリカの格付け会社は、リーマンショックの時以来、すっかり信用を落とした。今は、みんなこれらの格付け《レイティング》の話をしなくなった。

債券《ボンド》の格付け《レイティング》とは、その債券を発行している会社の信用そのものを表わす仕組みだ。だから国債（ナショナル・ボンド）を格付けするとは、国債を発行しているその国の信用全体を、たったの数字の「シングルAプラス」A^{+}とか「ダブルB」BBとかの数字で示して表わす。こんなくだらない商業慣行は金融業界にしかない。「あなたの人間としての能力は格付け《レイティング》即ち偏差値《へんさち》（ディーヴィエイション）で54です」と言われることと等しい。まともな人間であればカッとくる。それが金融の世界では通用している。

日本で唯一、純然として民間だけの力で、格付け《レイティング》というものがこれまで成功したのはたった一つしかない。それは例の大手の予備校による大学偏差値だけだ。あれだけは、日本国民すべてが、あの数字（お前は54の頭《あたま》だ）に従った。あれだけだ。それに対して金《きん》は自分自身が基準になっている。金は自分の価値を自分で決める。だから、金は偉い。だからドルが金《きん》に勝てるわけがない。

いいですか。金《きん》は、自分で自分の価値を保証している。政府保証とかではありません。

★金は酸化して腐食しない
★王水（濃塩酸と濃硝酸の混合液）などの特殊な溶液でなければ溶けない
★世界中で共通した価値（価格）がある
★世界中で流通している
★扱える重量が幅広い（１グラム～１キログラム）だから、お金《かね》のように選べて、目的に合わせて購入や売却が容易にできる
★換金性に優れている（世界中どこでも換金できる。買う人がいる）
★金地金には固定資産税がかからない

なんでぴかぴか光っているだけの金属が、それほど偉いのかと言われたら、それは、人類の歴史は、たかが5000年である。1万年も無い。この5000年の文明（シヴィライゼイション）の歴史の中で、皇帝たちが住む立派な宮殿とか神殿とかが、みんな金で出来ているからだ。今はそれらが国立博物館とか美術館になっている。日本なら各地の名城（お城）で残っている。

金のすごさは酸化して腐食しないとか、王水《おうすい》にしか溶けないとか、世界中で共通した価値の基準が有るとか、世界中で流通しているとか、扱える用途が幅広いとか。お金《かね》として持ち運べて、目的に合わせて購入や売却ができるとか。換金性がすぐれているとか。世界中のどこへ行っても換金できるとか。さらに金地金《じがね》には、土地住宅のような固定資産税がかからないとか、P169の表にした。

金はただの金属片《へん》だけれど、価値（ヴァリュー）の基準（クライテリア）になっている。かつ、保存性というか、保有していることそれ自体が財産である。また、どこでも交換できる。そういう特別な性質を持っている。だから普遍的に世界中の人間たちに大事にされる。

アラビア半島のベドウィン族は砂漠の商人や遊牧民《ノウマド》から始まった。このベドウィンが部族ごとに支配者になった。このアラブ人（パシュトゥーン人のハーシム家《け》）の各王族の女たちは、まっ黒いアバーヤ（肌を焼かないため）の下は、ほとんど裸でブラジャーとパンティだけだが、ジャラジャラと高価な金《きん》の首飾りと腕輪をたくさん身に付けている。いつでも、それだけで移動できる。このように、金は人類共通で非常に素晴らしいものだということだ。

税務署とケンカしなさい

企業経営者たちは、個人でも金《きん》を持つが、その他に法人としても持つ。企業の経営者、即ち会社の社長をやりながら、個人でも金《きん》を持っている。法人としても30キロ、50キロ、金《きん》を所有している。法人でも投資用として金を買っている。そういう会社もたくさんある。

そういう場合に、社長個人は税務署に狙われるけれども、法人で買っている場合は、帳簿《ちょうぼ》がしっかりしているから、法人課税課は、あまり文句を言わない。法人所有の金《きん》の場合は、事業の一環として持っている、と定款《ていかん》に付記しておけば問題はない。

ところが、社長が個人で自分の家で金を保有している場合、税務署は文句をつけてくる。だいたい金《きん》10キロから上の場合だ。「社長、この金《きん》はどう考えても社長個人の投資用ですよね。会社の余剰資金の運用には該当しません」と、こういう与太者《よたもの》みたいな、やくざ者みたいなことを言う税務署員がいる。本当にいる。やわらかく脅《おど》しをかけてくる。

そうしたら、社長はどうするか。税務署とケンカしなさい。「そんな理屈が通らないことを言うな。私はちゃんと個人と法人の分を分けて、ちゃんと帳簿に載せている。だから、私は裁判で闘う」と言いなさい。そうすると、彼らは震え上がる。

「裁判までやるぞ」と言ったら、税務署は「上司に聞いてからまた来ます」と。上司も震え上がる。「税金《ぜいきん》裁判になると大変らしいな。そのための証拠集めと答弁《とうべん》書の作成とかに人員がかかるそうじゃないか。おまえは出世を諦めることになるかもね」とか言ってもいい。裁判までやる（正式には租税《そぜい》訴訟という）と向こう（税務署）も手間がものすごくかかる。その前にワザと何段階かあって、こっちを疲れ果てさせる。そこまでやらないと、彼らは黙らない。ろくでもない税務署員がいるから気をつけなさい。

あと、自営業者は個人だ。文筆業（もの書き）で生きている私も自営業者だ。法人なんか作ったら、ダメですよ。あれはダマしだ。「法人にして節税《せつぜい》したらいいですよ」という言葉は、役所と銀行と、ワルい税理士とかが、あなたを騙《だま》すためのヒドい手口だ。法人にしたとたん、いろいろな税金がいっぱいかかってくる。

法律学で、「自然人《しぜんじん》」と言う。純然たる個人のままで生きる方がずっといい。専門家どもに騙《だま》されない賢い生き方だ。自然人はお母さんからオギャアと生まれただけだから、国家（政府）に先立つ国家以前《いぜん》の存在だ。自然人の対立概念が法人だ。法人格《じんかく》を国家から与えられて、ひとりの人間（自然人）と同じように行動できる。代表者（社長）がいる。その法人（格）は、国によって認められるのだから、国（家）に頭が上がらない。国家に逆らったら法人（格）を取り上げられる。ただし法人は刑務所に入れない（笑）。だから代表者が入れられる。法人が会社という意味で、たいていは営利社団《えいりしゃだん》法人のことを会社と言う。会社だったら始めから営利目的だから、「これは営利ですよね」ということになってしまう。それに対して個人（自然人）は簡単には痛めつけられない。それでもこれからは金持ちの個人に、国家（政府）が税金で襲いかかってくる。

そろそろプラチナを買うのもいい

プラチナはいま1グラム5100円だ。買いたい人はそろそろ買いなさい。

まずはじめに、プラチナの硬貨《コイン》を野口コインの通販で買ってみなさい。金は、もう1万3000円台だから、1グラム5100円くらいであるプラチナは、金の半分弱の値段だ。だからプラチナも買いなさい。きれいな金属です。

プラチナは、2008年までは（左のグラフに有るとおり）金より高かった。1グラム7500円まで行っていた時期がある。その後、急激に値下がりして2300円にまで落ちた。このあと2000年から持ち直して、ようやく5100円台まで戻った。

プラチナは世界的金属というより、日本で需要があって取引量が多い。日本ではダイヤモンドの台にプラチナが使われることが多いからだ。日本人はプラチナが大好きな国民だ。プラチナは金に較《くら》べて地上在庫がずっと少ない。プラチナの取引量の世界全体の4割ぐらいは日本であるようだ。

プラチナはかつては自動車の排ガスの排出を取り除くための触媒（カタリスト）として

プラチナの価格（先物《さきもの》の卸値《おろしね》）の推移（16年間）

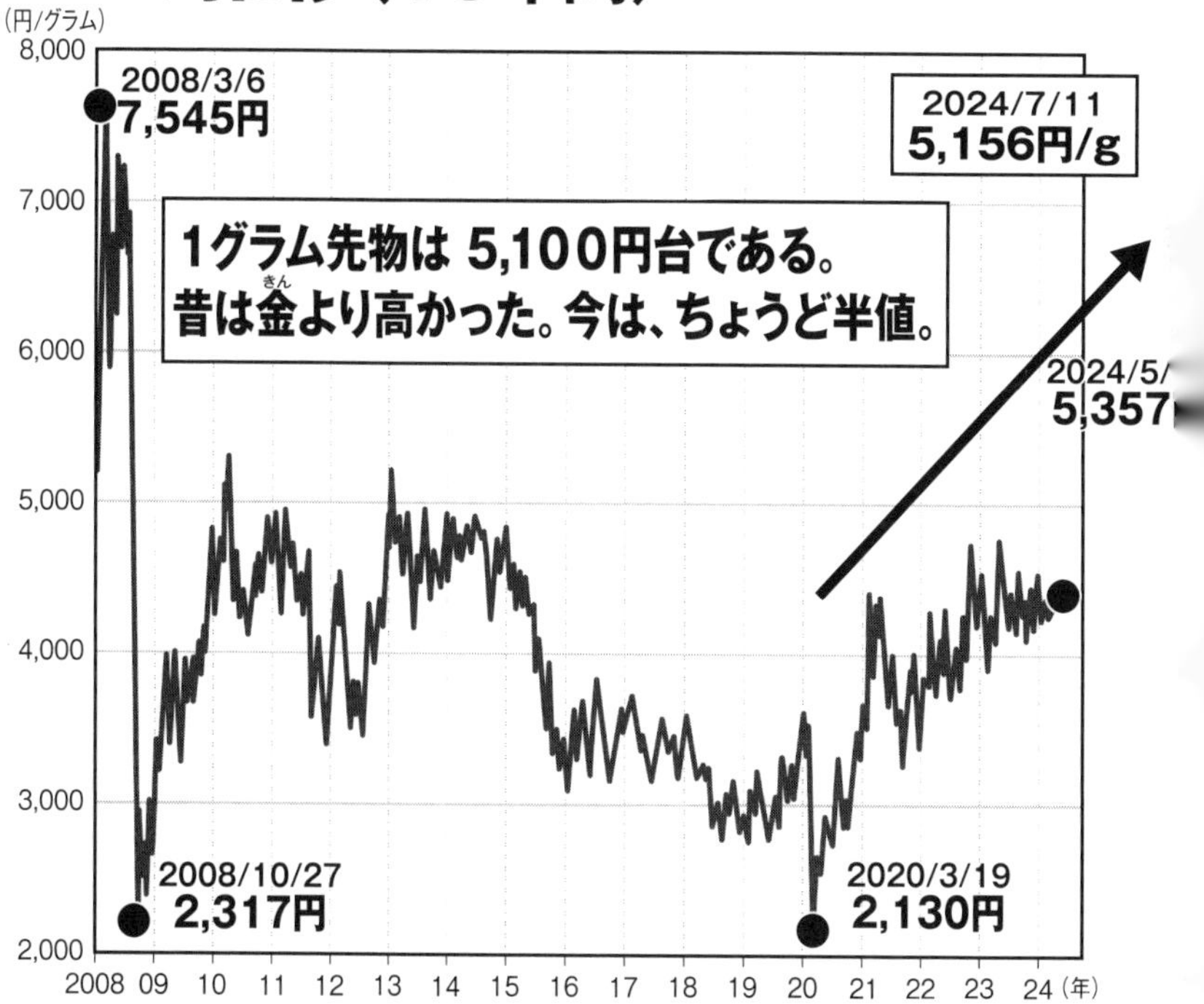

余裕のある人は、そろそろプラチナも買いなさい。まず硬貨（コイン）から。野口コインのネット通販で。

出所：日本取引所グループ（JPX）　大阪取引所 の資料から作成

大量に使われていた。ところが、トヨタが触媒としてプラチナを使わなくていい技術を開発したとたんに消費量ががたんと落ちた。それが２００８年のプラチナの暴落に表れた。中国ではパラジウムを車の排ガス除去の触媒として使っていたのが、どうやら再びプラチナを使い出したようだ。だから、いまからプラチナの値段は上がってゆくと私は思う。E《イー》V《ブイ》（電気自動車）にも使うようだ。

銀貨も安いから買っておくといい

銀《ぎん》が値上がりした。銀（シルバー）の価格は5月20日に急上昇して1グラム＝１８０円にまで行った（左の図のとおり）。このあと下落して今は1グラム１７９円ぐらいである。銀は「貧乏人の金」だ。金の１００分の1程度で安い。山ほど買える。世界的に銀《ぎん》の投機（スペキュレイション）が起きていると噂されている。ビル・ゲイツのような人間たちが、何百トンも買っている、と。50年前に、アメリカのテキサス州の財閥だったハント兄弟が銀の相場（投機）を仕掛けた。再び騒がれるだろう。

銀はものすごく素晴らしい金属で腐食《ふしょく》しない。錆《さび》て崩れることがない。色が少し黒くな

銀の小売り価格(1g)の推移(直近7年間)

出所:三菱マテリアルの資料から作成
パンダ金貨(30グラム)
野口コインで
4,742円(税込)
2024年3月11日

「大阪・関西万博 記念貨幣の第２弾発行へデザイン公表」

2024年1月30日 NHK

政府は来年4月の大阪・関西万博の開幕までに3回に分けて記念貨幣を発行する計画で、30日に第2弾となる額面1000円の銀貨のデザインを公表した。この銀貨の販売価格は税込みで1万3800円で5万枚発行。去年8月に申し込みが行われた第1弾の1000円銀貨は、販売数量の5倍を超える申し込みがあった。

るだけだ。金と銀は人類の宝物《トレジャー》であって、金貨と銀貨で人類は生きてきた。日本もだ。銀は非常にすぐれた性質の金属だ。だから銀貨も買いなさい。パンダ銀貨のような中国製の銀貨も大丈夫だ。

銀は埋蔵量がすごくある。だから値段は今の2倍、3倍にはなる。ただし、すぐには10倍にはならない。近い将来、今4700円で買ったコインが1万円、2万円になれば、それでいいでしょう。みんなにあげやすい、シルバーコインも1オンス（31・1g）＝6000円ぐらいで買いなさい。だけどあの変な大阪万博の記念の銀貨を買うのはやめなさい。人（国民）をバカにしている。世界値段の2倍の1万4000円で売った。

パラジウムも値上がりしたが…

パラジウムは、昔は歯科医に行くと貧乏な人たちは銀パラと言って、銀とパラジウムの合金《ごうきん》を歯につめてもらっていた。いまは金パラだ。でも、金歯が高くなり過ぎたので、今は京セラとかのセラミック製になっている。

P179の表のとおり、パラジウムはこの2年間で急激に値を下げた。パラジウムは、

パラジウムの小売り価格(1g)の推移(直近6年間)

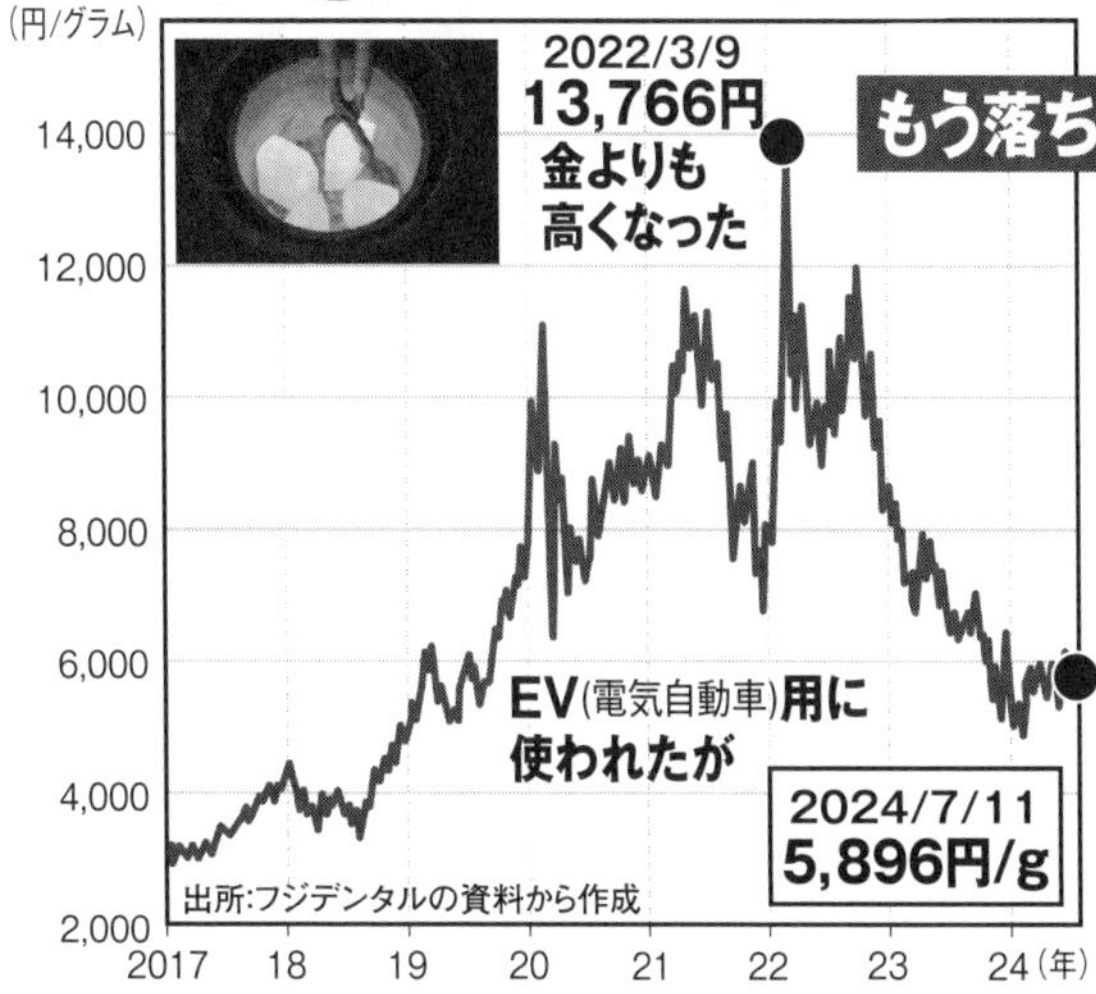

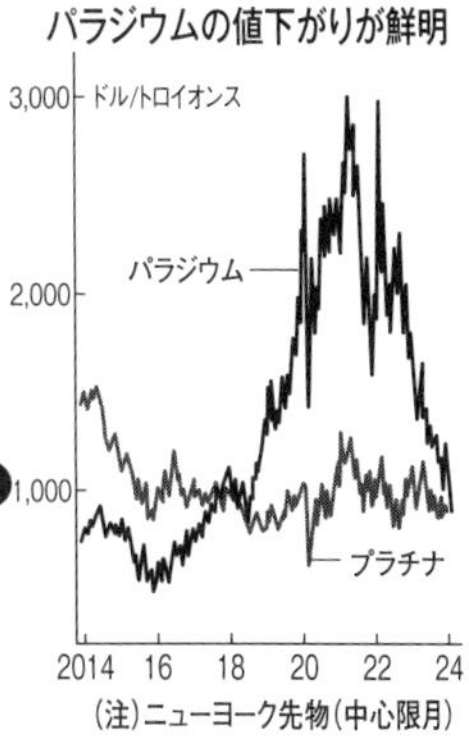

「パラジウム価格、5年10カ月ぶりにプラチナ下回る 需要減退懸念などで」　2024年2月9日　ロイター

2月8日のパラジウム現物価格が、2018年4月以来、5年10カ月ぶりにプラチナ価格を下回った。需要減退懸念が高まる一方、供給は減らないとの見方を背景に、値下がりが続いている様子がうかがえる。パラジウムは18-22年まで上昇基調だったものの、23年は39%下落した。

需要の8割を占める自動車セクターが、厳しい排ガス規制を受けて触媒装置をパラジウムからプラチナに切り替え始めたことが原因だ。触媒装置が不要な電気自動車（ＥＶ）の普及も、パラジウムの先安観に拍車をかけている。一方プラチナは宝飾品や他の業種からの引き合いがあるので、自動車セクターへの依存度はパラジウムに比べて低い。

2017年からの急上昇で商品先物市場《しょうひんさきもの》で、人気の商品《しょうひん》（コモディティ）だった。1グラム＝3000円（1オンス＝1000ドル）ぐらいで、〝安物の金《きん》〟のように扱われていた。ところが、2022年3月に1グラム＝1万3000円の最高値を付けた。このあとずっと下がり続けた。そして1グラム＝5000円ぐらいで推移している。一体何があったのか？

中国でEV《イーヴィ》用にどうしても必要だというので、一気に金よりも高くなったのだ。ところが、その後ダダダダッと落ちた。それでもまだ5000円する。今はまだEV（電気自動車）で騒いでいる。しかしEVは暫《しばら》くしたら、商用のバスや配送車以外では世界的に売れなくなる。値崩れが、もう始まった。いくら中国製のEVが安くて性能がいいと言っても、もうダメだ。だからEVは売れない。EVを買う人は愚か者だ。だからパラジウムも需要がなくなる。

それでも、1グラム5000円台で止まっているのはすごい。昔はパラジウムは安い金属で1000円もしなかったのに、それが5896円だ。「買いたければどうぞ」だ。でも、上がらないでしょう。やっぱり買うのはやめなさい。

日本でタワー・レジデンスの激しい値上がりが起きている。NYは値下がり

私は、3年前（2021年）から勘づいていた。どうも台湾人の金持ち（富裕層）が、東京の湾岸《わんがん》の高層鉄筋アパートを、買いに来ている。大勢で来日して、次々と買っている。何故このことが分かるか、と言うと、私自身がこの地区の高層アパートに2014年から住んでいるからだ。私は普段は、熱海の仕事用の家にいる。週末に東京に出て出版社とかの仕事をする。おそらく台湾の2400万人の人口のうち、100万人の富裕層が、日本（特に東京）の高層アパートを、いざという時のための準備として買っているようだ。そしてさらに別の100万人がアメリカに同じく住居を買っている。

高層鉄筋アパートを、世界基準ではタワー・レジデンス tower residence と言う。中国語では、大廈＝ターシャと言う。気持ちの悪い、✖タワマン という品の無い日本語は、使用廃止（廃語《はいご》）にするべきだ。✖タワマン と聞いただけで私はゾッとする。何と知能

の足りない国民だろう、と情なくなる。✖マンション（本当は鉄筋アパート）という言葉自体が、本当は英語で大富豪の邸宅のことを意味する。と、もう何十年たってもこのことが分からない国民だ。知性と教養のないバカの集まりだ。世界基準のアパートメント（アパルトマン）でいいのに、その挙句に、✖タワマンだ。

私、副島隆彦が、こういうことで文句をつけると、不思議なことに3年後には✖タワマンは死んでいる。廃語《はいご》（obsolete word　アブソリート・ワード）となって消えている。ホントだぞ。私にはそれぐらいの力があるのだ。

台湾人たちは、台湾有事《たいわんゆうじ》を心配して、日本に政治亡命（political asylum　ポリティカル・アサイラム）ではなくて、「日本は安全だから日本に住む」と避難民（refugees　レフュジーズ）となって、どんどん来る準備をしている。彼ら台湾人の金持ち層は、床面積100㎡（30坪。これが世界基準のアパートの広さ）に2億円から3億円を出す。中国人もいる。香港人もいる。韓国人もいる。富裕層でない台湾人、中国人は、台東区や墨田区、埼玉県川口市などに3000万円ぐらいのアパートを、じわーっと静かに買っている。すでに中国人たちだけの、不動産の取引市場が日本でできているらしい。

そのために東京を中心に中古のタワー・レジデンスの激しい値上がりが起きている。それが新築値段も吊り上げている。始めから転売目的で投機で買っている者たちもかなりいる。これが日本全国に波及して、日本全国の都市部の中心地での高層アパートと住宅価格の上昇の原因になっている。

米ドルの信用が失墜し、米国債の巨額踏み倒しが起きる

この本が出たあと、今年の後半に世界の政治情勢の動乱は避けられない。世界中のあちこちの地域《ちいき》（リージョン　region と言う）での、政治動乱と共に、ＮＹの金融市場と実体経済の両方が激しく動揺している。ウクライナ戦争が3年目に入って、さらにヨーロッパ諸国まで巻き込みそうになってきた。

英と米は、ロシアのプーチン体制を、自分たちの計画どおり（２０１４年から着々と仕組んでいた）に打倒できなかった。ロシアを弱体化させたあと、中国包囲網を敷いて、台湾戦争にまで引きずり込もうとしていた。この計画も、The Deep State《ザ・ディープステイト》の超《ちょう》財界人たち

は失敗した。それでもイギリスとアメリカの超財界人たちもなかなかしぶとい。さらに米国債を刷り散らして国家財政の赤字の穴埋めをして、今年と来年の国家経営を乗り切るつもりである。だが、その大借金を隠すための手段である、国家予算（財政）を執行するのに必要な米国債そのものが、世界的にその信用の無さが、満天下にバレてきた。

だから、この本の書名にあるとおり、「米国債の巨額踏み倒し」となって表れる。それがいつ起きるか、だ。誰でも分かるとおり、11月5日のアメリカ大統領選挙で、「ドナルド・トランプが再選される可能性が80％である」と。恥知らずにも、トランプのことを激しく嫌い続けて、ウソだらけの報道をしてきた西側（ザ・ウエスト）のザ・ディープステイト側の威張り腐った主要メディアたち自身が言い出している。何という変節漢《へんせつかん》どもだ。

6月27日のトランプとバイデンの候補者討論会での、バイデンのしどろもどろのボケ老人ぶりはヒドいものだった。バイデンと心中《しんじゅう》する気がなくなったザ・ディープステイトどもが逃げ始めている。これに日本のテレビ、新聞も恥知らずに追随している。それでも日本国民を今も騙し続けて、洗脳し続けている。

誰もまともに反論しない。その反論の場所（公共の言論の広場。アゴラ）さえ存在しない。私、副島隆彦だけが何の力《ちから》もなく、居場所もないのに、日本で一番激しい、現状への批判言論を行っている。だが何の力にもならない。蟷螂《とうろう》（カマキリのこと）の斧《おの》だ。私は気が狂いそうになりながら現在を生きている。だが、それでも、我慢に我慢だ。それが日本（人）の運命だから。

ついに中露同盟の側にグローバルサウスがついた

私たち日本人は、そろそろ本気になってアメリカ帝国による戦後80年間ずっと続いている占領支配から脱出すべきである。日本は在日米軍に占領されたままの国だ。この現実を誰もまともに正面から考えようとしない。卑屈きわまりない国民だ。愛国者気取りのバカ者どもめが。

私、副島隆彦だけは、はっきりと言う。「米国は、さっさと日本から撤退（ウィズドロー）せよ。日本のことは日本人がする。日本の国は日本人が守る。出来る限りのことをする。それで十分だ。それ以上の余計な心配など、する必要はない。他国（余所《よそ》の国）からあれこれ言われない。米軍は日本からただちに撤収せよ。もうこれ以上、外国の領土に外国の軍隊が居座ることは認められない」と私は言う。

そしてどんどん強くなっているロシアと中国の側と仲良くする。「世界貧乏大《たい》国同盟」がこれからの世界だ。それは、欧米先進国のG7《ジーセブン》体制を打ち倒してできる、新しい世界秩序である。こちらの方へ、私たち日本人はすり寄って行くべきである。このロシアと中国を中心にする新しい世界体制は、ヨーロッパ諸国EUをも、ズルズルと、引きずり込むであろう。だからこれは「ユーラシア（ヨーロッパ（大陸）同盟」と言ってもいい。ユーラシア大陸とは、この言葉からしてユーロッパ）とアジアから出来ている。まさしくユーロアジア大陸（コンチネント）である。

これには当然、貧乏大国の代表であるインド（人口14・4億人。今年、中国を逆転して世界一になった）を含み、中東アラブ世界の大国であるサウジアラビアを仲間に入れ、中《ちゅう》南米《なんべい》の大国のブラジルを中に入れる。これがまさしくBRICS体制である。

BRICSは、ブラジル、ロシア、インド、中国、南《サウス》アフリカ（このSは今はサウジアラビアだ）の5カ国である。このBRICS同盟が、今年の10月にロシアのまん中のエカテリンブルグという都市で開催するBRICS首脳会議で、「世界の新しい通貨体制となるBRICS通貨」を発行するであろう。ここまでに何度も書いた。

去年の7月の南アフリカの首都ヨハネスブルクで開かれた首脳会議では、BRICS通貨の発行は延期された。「アメリカの金融崩れが起きるまで、私たちはあと少し待とう」という決断をした。

プーチンと習近平が組んだ中露同盟が世界を主導する

どうやら、Ｇ７《ジーセブン》の先進国（西側《ザ・ウエスト》）同盟（ザ・ディープ・ステイト）に対抗する中国とロシアの同盟（アライアンス alliance ）の勝利のようだ。

５月16日に、プーチンが北京に来て習近平と会談した。この中露の首脳会談で、これからの世界の基本骨格が出来た。もうすぐアメリアによる世界支配は終わる。それが目の前に見えて来た。このことに気づかない者はボンクラだ。長年のアメリカ支配で洗脳《せんのう》され尽くして来た者たちだ。このプーチン・習近平会談が歴史的な転換点となった。それが今年の後半に起きる世界政治変動の始まりだ。このプーチン・習近平会談の記事をあとの方に載せる。

日本人は、世界史（人類の歴史）を貫いているもうひとつの「帝国―属国」理論をしっかりと理解すべきだ。この「帝国―属国（群）」理論 Empire－Tributary《トリビュータリー》 States Theory を、自分たちの運命として自覚すべきだ。日本は、敗戦後の80年間は、アメリカ帝国《エンパイア》の属国（従属国、朝貢国《ちょうこうこく》）として生きてきた。そろそろ、そこから身を振りほどいて、出来るだけの自立《じりつ》、独立の力を身につけるべきだ。

アメリカの支配の前は、幕末からイギリス（大英帝国）の属国のひとつだった。その前は、長いこと中国（歴代中華帝国）の属国だった。紀元1世紀の漢《かん》の帝国の時から。しかし日本は、この大きな事実を隠して、江戸時代は独立国（主権国家《しゅけんこっか》）のふりをした。室町（足利《あしかが》）時代は、明《みん》の帝国に公然と朝貢《ちょうこう》して貿易で栄えた。宋銭《そうぜに》、明銭《みんぜに》が公然と使われたということは、日本は中国の通貨体制（カレンシー・オーダー）に組み込まれていたということだ。

だから日本はこの「帝国―属国」理論に従って、これから隆盛《りゅうせい》する新しく再興《さいこう》された中国帝国の属国に戻ってゆくだろう。これは好き嫌いの問題ではない。世界史（人類史）の法則に従うので、どうしてもこのようになってゆく。どんなに嫌がってもそうなる。こ

プーチン（ロシア）と習近平（中国）がこれからの世界の主役になる

中国指導部が執務する政治の中枢「中南海《ちゅうなんかい》」で、お茶を飲みながら懇談するロシアのプーチン大統領（左から２人目）と中国の習近平国家主席（右端）2014年５月16日北京で。

のことを早く理解した人間が、これからの時代を楽をして生きてゆける。

強い方に付く、という原理でどうしても生物（生命体）の法則は動く。これにいくら逆らっても無駄だ。勝ち組に付かないと、自分の人生も大変なことになる。私は、こういう身《み》も蓋《ふた》も無いことをあけすけに書くことで、残りの言論人人生を生きる。誰にも何者にも遠慮しない。そして日本の反共《はんきょう》保守たち500万人を説得（パースウエイド）する。彼らからひとりずつ明確な思考転換《コンヴァージョン》（転向《てんこう》）を引き出す。

ロシアと中国が、どんどん強くなっている。これが大きな事実だ。直視せよ。世界中が、どんどん親《しん》（pro- プロウ）ロシア、親《しん》中国の態度をはっきりさせている。それでも、世界中の各国の指導的政治家たちで親ロシア中国の者たちが、最近、次々と殺されている。あるいは不審な事故死をしている。


この動きがどんどん加速している。世界は動乱状況に入っている。それを察知して金融恐慌が起き、それを統制する金融統制（コントロールド・エコノミー）が各国政府によって実施される。日本もその例外ではない。

いろいろの危機（危険）が、今年の後半に、まとめて始まりそうな気配だ。アメリカのザ・ディープステイトの勢力（超《ちょう》財界人と軍産複合体と法曹《ほうそう》）は、自分たちが激しく追い詰められた、と感じたら、自暴自棄になって、第3次世界大戦（WWⅢ）に打って出る危険が有る。このことを、まさしく中国とロシアが一番、警戒している。それに合わせてサウジとインドとブラジルの貧乏新興大国がこの不安を共有している。私たち日本人も、このことに留意しないといけない。

私たちは、いよいよ恐ろしい時代に突入してゆく。皆、警戒心を高めてそれぞれ自分の生き残りを図ってください。そのための一助《いちじょ》として私の本が存在する。それでも世界全体の危機の中では、日本の危機は、比較相対《ひかくそうたい》的に（comparatively コンパラティヴリー）小さい。

私は、このことをいつも自分の思考の基本のところに置いている。何が起きても、日本は大丈夫だ、みんな安心しなさい。そして注意深く自分の安全と資産の保全を真剣に考えなさい。前述したとおり一本だけ、毎日新聞の記事を載せる。

『習氏、訪中のプーチン氏を12時間超　厚遇　関係深化、米への対抗誇示も』

中国の習近平国家主席は、5月16〜17日の日程で訪中したロシアのプーチン大統領を厚遇し、米国への対抗姿勢をアピールした。ロシアのウクライナ侵攻が長期化する中、中露首脳は、5月16日に北京で「さまざまな形式で12時間以上」（露タス通信）を一緒に過ごし、絆をさらに深めた。プーチン氏は17日には、ロシアと国境を接する黒竜江省ハルビンを訪問した。

習氏は16日の公式会談などの後、指導部が執務する北京の政治の中枢中南海《ちゅうなんかい》にプーチン氏を迎えた。ウクライナ問題など「戦略的な課題」について深く意見を交わしたという。中国国営中央テレビ（CCTV《シーシーティーヴィ》　中国中央電視台《でんしだい》）は、両氏が通訳だけ連れて敷地内を散策したり、お茶を飲んだりする親密ぶりを伝えた。

中国外務省の5月17日の発表によると、中南海での小規模会合で、習氏は「ウクライナ問題の政治的解決を促進するため、建設的な役割を果たしていく」と述べ、和平《わへい》

人類にとっての
最大問題を解くべき時

今はまだ

GAFA《ガーファ》＋MS《マイクロソフト》（＋NVIDIA Tesla）がのさばっている。この巨大通信会社たちが 物 流(commerce)まで押さえ、文化、教養も乗っ取った。テレビ、新聞、出版の激しい衰退

スマホとSNSとYouTube

通信機器にすぎない。半導体もたかが電子デヴァイス(部品)だ。monozukuri《ものづくり》が 大事。今の製造業は全て中国が世界の中心

➡

こっちのほうが人類にとってより重要

①wage labourer《ウエイジ・レイバラー》 vs. ②kapitalist《キャピタリスト》

賃労働(者) と 資本(家)

の非和解的対立
カール・マルクスが1844年(24歳)に『経済学・哲学草稿』で発見した大原理

⬆

この人類の最大難問を、中国に出現する大天才たちが200年ぶりに部分的に解明(解決)するだろう。もう核戦争とWWⅢなんか怖くない

メタとは、基本、土台（下のほう）のことだ。
×形而上学《けいじじょうがく》は誤訳。

Meta-physica メタフィジカは、アリストテレスによって Physica(自然学、物理学)のあとに書かれた。しかし、それに先行する諸学問の土台、基礎のことだ。そして、イデア(思考、霊魂)＋ロゴス(言葉、理論)が＝イデオロギー。

の「仲介」（mediation　ミーディエイション）に前向きな姿勢を改めて強調した。習氏は根本的な解決策として「新たな（世界の）安全保障の枠組みの構築を進めるべきだ」と主張し「ロシアとウクライナの双方が承認し、公平に議論する和平会議（peace talks　ピース・トークス）を適切な時期に開催することを支持する」とも述べた。

プーチン氏はこれに対し、「中国の公正な立場を高く評価する」と応じたという。中国としては米国との長期的対立を念頭に、国際社会からの視線も意識しながらウクライナを巡る外交を展開しているとみられる。6月中旬には、スイス政府がウクライナのゼレンスキー大統領の要請で「平和サミット」を開催する。ロシアは不参加を表明し、中国に対しても不参加を要請した。（副島注記。このスイスでの会議は和平会議《ピーストークス》と言いながら、当事者であるロシアも出席しない噴飯《ふんぱん》ものであった。（ヤラせのインチキ和平交渉で大失敗した。）

このあとプーチン氏は5月17日、ハルビンに移動し、中露企業が出展する「中露博覧会」の開幕式に出席した。演説で「ロシアに進出し現地生産する中国企業に対して優遇措置を用意する」などと語り、投資を呼びかけた。第2次大戦で対日《たいにち》参戦して死亡したソ連軍兵士の記念碑も訪れ、献花した。日本軍と戦い、戦勝国となった歴史を共有する中露の関係を強固にする狙いがある。

（毎日新聞、2024年5月17日）

私は、今年の4月、5月、6月、ずっと苦しい思いをした。のたうち回っていた、と言うべきだ。それは、私に憑《と》りついた、怨霊《おんりょう》、亡霊《ぼうれい》との戦いだった。私は何とかこの苦難から脱出して現実の世界に戻って来た。怨霊、亡霊に祟《たた》られた、などと書くと、私の本をこれまで真面目に真剣に読んだことのない者たちが白《しら》けることは分かっている。

それでも、だ。ギリシア彫刻の女神像たちが、大挙して、私の住む熱海に陸続《りくぞく》と到着した。これらの純白の本物の大理石《マーブル》製の女神像たちを並べることで、私は美術庭園を作る。これは私の残りの人生でやるべき運命である。このことは、そのうち公表する。私は魑魅《ちみ》魍魎《もうりょう》の世界から生還して、ようやくやっとのことで、自分の生業（せいぎょう。なりわい）であり本業であるもの書き、作家業に戻って来た。世界政治、金融経済、知識、思想、学問に自分の生活時間を投入できるようになった。

第4章　国家は惜しみなく国民の資産を奪う

日本政府はリデノミネイションで1万円を1000円にする

7月3日から発行された左の新札写真をよく見てください。渋沢栄一の肖像画が描かれた新しい1万円札である。ドイツ製の超高速輪転機で50億枚刷ると言う。私は10億枚ぐらいしか刷らないと思う。どうもダラダラと数年かけて新札にするようだ。その間に、ドカーンと「10000円札を1000円札にする」という動きが起きるだろう。その事態に備えた新紙幣である。このぴかぴか光っているホログラムがあやしい。このホログラムで偽札《にせさつ》が作りにくい。どころか、いつどこで発行したお札なのかが管理される。

旧紙幣の福沢諭吉の1万円札のままタンス預金（紙幣での蓄蔵《ちくぞう》）を1億円、2億円している金持ちたちが慌てている。銀行の窓口でこの1億円分をすべて「新札に替えてください」と持っていったら、きっとチェックされて監視対象になる。ここで金持ちたちは苦労しなければ済まなくなった。本気で対策を考えないといけない。

いよいよリデノミ（通貨単位の変更）が来る

「こんにちは渋沢栄一　新紙幣、2024年7月3日発行」日本経済新聞　2023年12月12日

　日銀と財務省は新紙幣を2024年7月3日に発行すると発表した。デザイン刷新は04年以来20年ぶり。1万円札は「日本の資本主義の父」と称される渋沢栄一をえがいた。5千円札は樋口一葉から津田梅子、1千円札は野口英世から北里柴三郎に変わる。

　渋沢栄一は第一国立銀行（副島注記・本当は日本銀行の前身）はじめ500社の企業を設立した。1万円札の肖像画の変更は聖徳太子から福沢諭吉になった1984年以来となる。

どのように隠し直すか。
相続（税）対策が大事

**　新札発行（7月3日から）で政府は、金融混乱に乗じて、タンス預金（隠し札束）者と、多額預金者への財産税を実行断行する準備を始めた。気をつけよ。**

これまでは、ずっと「壱《いち》万円」とお札に、書いてあった。ところが今度の新札は「10000」と算用数字に変わった。ここに秘密がある。ただ単に、漢《かん》数字が消えただけのことではない。この新札の10000円が、やがて、NY発の金融恐慌が始まった時に、それに日本政府が緊急に対応する。そして末尾の「0」ゼロ 1個が取れて、1000円になる。これが redenomination「リデノミネイション」である。通貨単位の変更である。

私、副島隆彦が、ずっとこの5年間、私の本で書いて来た。この予測、予言が来年あたりで当《あた》りそうである。その時は今の米ドルの25%（4分の1）の切り下げ（devaluation デヴァリュエイション）が実施されるだろう。ドルの暴落は止められない。それに対処する、日本政府からの日本の通貨《カレンシー》（紙幣、お札 note《ノート》 あるいは bill《ビル》）を守るための防御策として、リデノミネイションが断行される。

その時同時に金融統制（マネタリー・コントロール）の動きも始まる。ヒタヒタとジワジワと私たちの生活を締め付ける。ただし国民の9割の庶民層（貧乏な国民）は、こんな金融統制の影響はたいして受けない。たいした預金もない。政府によってそれらは「1000万円まで」保護される。これを pay off「ペイオフ」と言う。庶民層（一般大衆）はこれまで同様にクックツ貧乏生活をしながら、元気よく、屈託《くったく》なく生きてゆけばいい。世界を吹き荒れる動乱状況の下でも、私たち日本人は、何も悪いことはしていないし、他国から恨《うら》まれることもないのだから、足元をしっかり守って、軽挙妄動せずに着実に生きてゆけばいい。

現在、何でもかんでも、買い物に「ポイントカード」を付けて、特に女たちをデジタル（スマホ）決済に慣れさせて、現金（キャッシュ）を消してしまおう、という動きになっている。日本政府は、他の国に倣《なら》って、現金のお札と硬貨を国民が使わなくなるように躾《しつけ》ている最中である。現金取引は証拠が跡《あと》に残らないので、役人たち（国家官僚組織）は、とにかく目の仇《かたき》にしている。現金を使わなくなるように画策している。特に国税庁税務署が、この動きを促進している。

リデノミを断行すると、それに合わせて1円玉、10円玉、１００円玉を使いにくくして、すべてペイペイなどのスマホ決済やデジタル決済（＝支払い）にしてしまう。ドイツ人だけは、ヨーロッパ圏でも、2年前まで現金のユーロのお札が大好きな国民だった。ところが去年からすべてカード決済になって、ドイツ国でもユーロ紙幣が消えつつあるそうだ。

5年前のコロナ騒ぎの直前、2019年7月に、私は弟子たちと香港経由で中国の深圳《しんせん》に行った。華為技術《かいぎじゅつ》（Huawei ファーウェイ。本当は発声はホアウェイのはずなのだ。中華は、チュンホアで、華はホアと発声する）などの中国のＩＴ《アイティー》先端企業の本社や工場群を視察して回ったからだ。この時、すでに深圳を含めた広東省の人々は、「100人民元（レンミンビ）札とかの紙幣を、私は最近、見たことが無い」と驚いていた。私たちが外国人の観光客だから人民元札を持っているのだ、と理解していた。

中国人は、もう8年ぐらい前から現金（お札）を使わなくなったのだ。このことは、金持ち層にとっては警戒すべきことで真剣に考えるべきことだ。この他にＣＢＤＣ《シー・ビー・ディー・シー》と言って、「中央銀行（セントラル・バンク　日本では日銀）デジタル通貨（カレンシー）」の導入も進んでいる。

今度の新札発行で、50億枚の新札を発行する、と政府は言っているが、私は、10億枚ぐらいしかお札を印刷、発行しないと思う。今の1万円札を、これから2年ぐらいでどんどん吸収していって、それをデジタル・マネーに換《か》えようとしている。現在総計で120兆円分ぐらい発行しているお札（紙幣）のうち、その半分が退蔵《たいぞう》されているタンス預金だ。だからこのタンス預金の60兆円（1万円札で60億枚分）を、ジワジワと吸収していって、紙幣を消そうとしている。

この事態に、お金持ちたちが、本能《ほんのう》（instinct　インスティンクト）で脅《おび》えて身構えている。「これは実質的な預金封鎖《よきんふうさ》だ。その始まりだ」とヒソヒソと話し合いながら危機感を持っている。この反応は極めて正しい。私、副島隆彦は、日本国民の味方であり、その一部である小《こ》金持ち層（小資産《しょう》家）の味方だ。だから、彼らの為に、ずっと自分の言論で闘って来た。彼らの為に、「気を付けなさい。用心しなさい。注意しなさい。警戒しなさい。政府は、あなたたち資産家層の余裕資金を狙って、世界の金融動乱に乗《じょう》じて、財産税（資産課税）で奪い取るつもりだ」とずっと書いて来た。

資産家層は、保守的な考えの人たちだから、大半は自民党と官僚の味方だ。彼らがやる政治、政策をずっと支持して来た。しかし自民党の政治家（大臣たち）や官僚トップたちは、そんな甘い考え方はしていない。

彼らは、イザとなったら、即ち国家財政が危機に陥《おちい》りそうになったら、資産家層（金持ち）に襲いかかるだろう。そうしないと、もう他にはどこからも税金を取れないからだ。サラリーマン層（給与所得階級《クラス》）や自営業者たちを、痛めつけても、もういくらも取れない。これ以上取ると、本当に死んでしまう人々が出てくる。それぐらい今の日本国民の下《した》の方は貧しい。担税力《たんぜいりょく》と言うが、もう今以上に、彼らから税金を取ることはできない。だから、金持ち階級（富裕層）から取るしか他に手《て》はないからだ。このことはこの世の本当の厳《きび》しさに属することだ。甘えた考えでキレイごとを言っている余裕はなくなりつつある。

その緊急事態が、現に始まったのである。もう、あれこれぐだぐだ悩んでいる暇はない。隠し持っている自分の現金（お札の束）を、実物《じつぶつ》資産に替えなさい。自分が欲しいと思っていた大好きな土地や住宅でもいい。食糧品はどうだろうか？　食糧品は蓄《たくわ》えても2年も保《も》たない。だからやめなさい。だからやはり、今のうちに出来る限り、金《きん》に替えるのが良策だと私は思う。まだ今なら金《きん》を市場（お店）で買える。

新しいお札が発行されたあとこの本が出版される。「渋沢栄一の新1万円札は、1000円」のお札がこれから2年ぐらいで新札に置き換わっていく。旧1万円札は消えていく。しかし、これからの2年間で大変動が起きる。日本政府が、アメリカ発の金融崩壊と、ドルの暴落を見越して、その対策として、「リデノミネイション」redenomination すなわち通貨単位の変更をする。何度でもこのことを書く。

日本政府（大蔵省と日銀）はドルの大暴落とドルの25％の切り下げ（devaluation デヴァリュエイション）に速攻で対応する。新10000円札は、来年のある時から、最後のゼロが1つ取れて、1000円（千円札）に変わるだろう。私は、このことを5年前（2019年）の自分の金融本から書き始めた。自分が行っている金融セミナーでも聴衆に向かって説明してきた。まあ、見ていなさい。

日本政府はアメリカの金融崩壊と、ドル体制の崩壊を見越して、着々と準備している。私は前の方でも書いたが、ここでわざと大蔵省という言葉を使う。私は日本財務省という言葉を使わない。日本は大蔵省に戻すべきだ。アメリカの圧力と命令で、1999年（卑屈な売国奴の森喜朗政権の時）に大蔵省という言葉が廃止されて財務省になった。あの時

〝大蔵落城《らくじょう》〟したのだ。アメリカに。だから、「日本政府すなわち、大蔵省と日銀（日本銀行）」と、敢えて書く。その方が日本国民に分かり易いからだ。

銀行から現金を下ろそうとすると警察官が来る

世界情勢が、いよいよキナ臭くなってきた。アメリカで政治動乱が今年中に起きる。11月5日の米大統領選挙でドナルド・トランプをあいつらがすんなり勝たせるわけがない。トランプが大統領に復帰したら、復讐の鬼《おに》になっているからその初日に、5万人ぐらいのザ・ディープステイトの人間たちを、国家反逆罪で逮捕拘束するだろう。そんなことをされてたまるか、となる。

NY発の金融崩れ（米国債の債券市場の崩壊）と米ドルの下落も始まる。この金融恐慌を、日本政府（大蔵省と日銀）が察知して、即座に日本国内に厳しい金融統制《きんゆうとうせい》を実施する。私の友人が、先日、銀行で、たった800万円を現金で下ろそうとしたら、「何に使うのですか」と、銀行員がしつこく聞くだけでなく、今では警察官（生活安全課）がやってくる。必ず、警官が銀行や郵便局まで来る。4年ぐらい前からだそうだ。そして「何に使う

ビットコイン（仮想通貨）はダメ。世界の犯罪者たちが動かす資金だ

円建てでも上昇

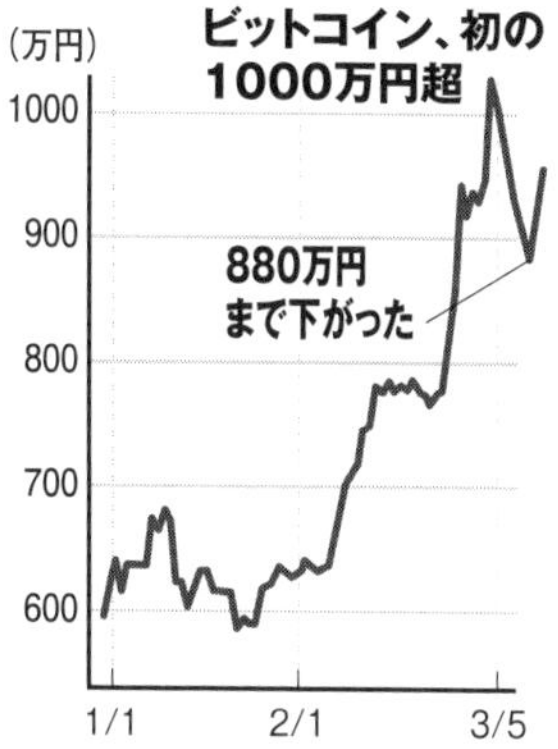

出所　ビットフライヤー

ビットコインの時価総額

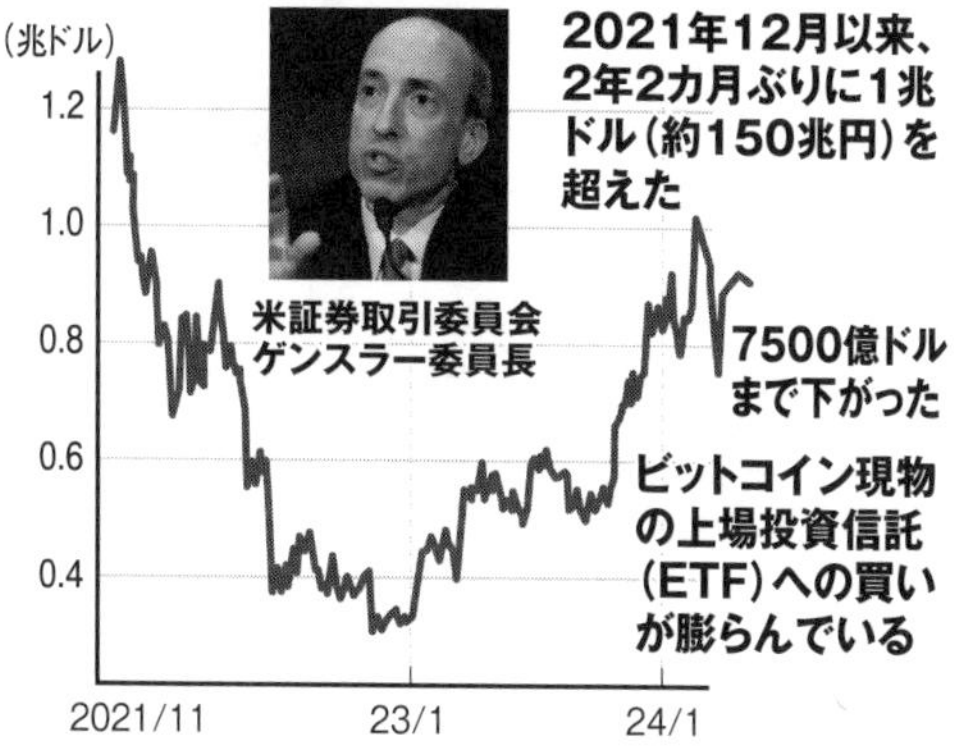

出所コインゲッコー

バカが買う

ETFまで許可した。こんなものやめなさい。

米証券取引委員会（SEC）のゲイリー・ゲンスラー委員長は、ビットコインETFを承認した。ところが声明の中で「ビットコインは投機的で、マネーロンダリング（資金洗浄）や制裁回避、テロ資金調達などの非合法活動にも使われていることに注意してほしい。ビットコインを推奨したわけではない」と注意喚起をした。（日本経済新聞 2024年2月15日）

“ブランドバッグ”は実物資産である

❶エルメス

ケリー
正規店価格
¥1,705,000
中古店
¥3,300,000

バーキン
正規店価格
¥1,738,000
中古店
¥3,600,000〜

❷シャネル

¥1,526,800

いつもちょうど1万ドル ← ここが世界の女たちの共通の価値の基準

LVMH

❺クリスチャンディオール
¥1,000,000

❼ロエベ
¥447,700

FENDI
ゲラン
ティファニー
ジバンシー
ケンゾーも

❸ルイヴィトン
¥253,000

❻セリーヌ
¥495,000

❽プラダ
¥286,000

ケリング

バレンシアガ
ボッテガ・ヴェネタ

❹グッチ
¥550,000

❿サンローラン
¥291,500

❾フェラガモ
¥341,000

「バーキン」中古品、定価の3倍。品薄で投資商品に

「バーキン」は360万円に値上がり

仏高級ブランド「エルメス」を代表するバッグ「バーキン」は、雄の子牛皮を使った人気のトゴ素材で定価はおよそ134万円だ。

ところが中古品流通大手のコメ兵ホールディングスによると、未使用中古品の販売価格は、2019年時点の約200万円から23年には約360万円と1.8倍に上昇した。足元の定価と比べると３倍弱に値上がりした。

コメ兵の銀座店にはバーキンの中古品がずらりと並ぶ。新品の２倍以上の価格のものが多い。オンラインショップでは、1000万円を超える値がついている商品まである。

日本経済新聞　2024年2月13日

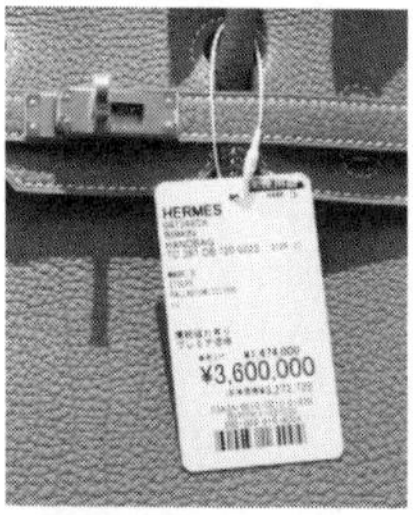

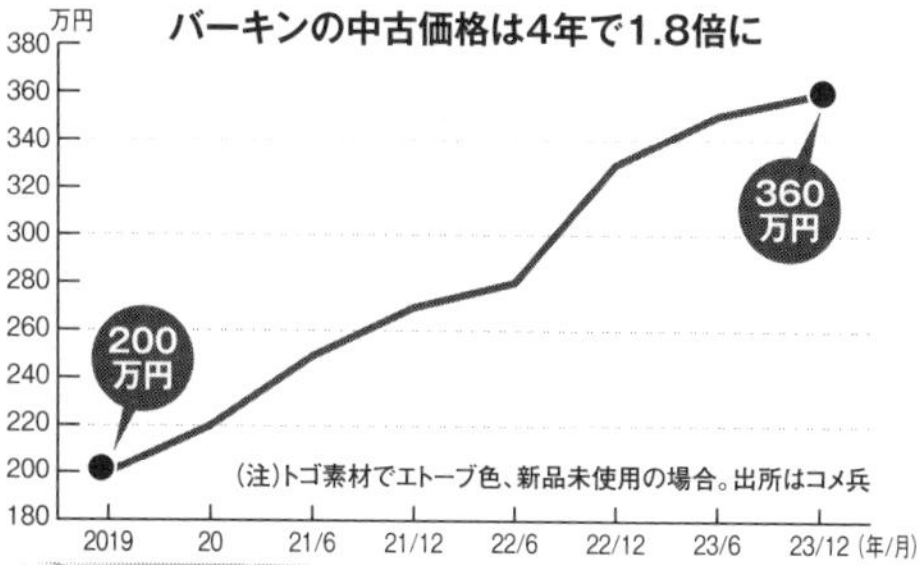

のですか」と問い質《ただ》す。

その下《お》ろした現金の使い途《みち》と支払先と、経費の見積もりとか、を提出しないと釈放してくれない。こういう事態に現になっている。つまり、金融統制はすでに始まっているのだ。お金持ちたちが、３０００万円とかを纏《まと》めて現金で下ろそうとすると、必ず銀行で実際にこういう目に遭う。その口実（正当化）は、決まって「お年寄りが、金融サギ（振り込めサギ）に遭《あ》って困ることになってはいけませんから」である。私が「自分のお金をどのように使おうが私の勝手だ」と言うと、向こう（警察官）は、さらに気合が入ってイジめてくる。なかなか自由放免してくれない。全く恐ろしい時代になったものだ。仕方がないので、みんな50万円ずつを、ＡＴＭ自動預け払い機で、毎日下ろして引き出している。

日本政府は現金を消そうとしている

７月３日から新札《しんさつ》切り替えになったのに、この私にさえ全く何の情報も入らなかった。奇妙な静けさだ。何としても世の中（実《じっ》社会）から現金の１万円札を消してしまおう、という急激な〝お札（紙幣）の消滅政策〟が執行されている。だから、どこにも書いていないが、今、資産家（金持ち）たちが、焦《あせ》って自分のタンス預金（60兆円有る）の現金を、何とか実物資産《じつぶつしさん》（tangible asset タンジブル・アセット）に替えよう、という動きに出ている。ヨーロッパとアメリカでも、金融資産を他のものに代えようという資産家層の動きが出ている。

金持ちたちのこの不安、恐怖は正しい。だから、何度でも執拗《しつよう》（しつこく）に書くが出来るだけ早く余剰の現金は、「タンス預金の炙《あぶ》り出し」に遭う前に、どんどん金《きん》の地金《じがね》か金貨（ゴールド・コイン）に替えるべきだ。これはもう一刻を争う事態になっている。

デジタル・マネーも現金を消したい意向の現れ

デジタル・マネーはゆくゆく、CBDC（中央銀行《セントラルバンク》デジタル通貨《カレンシー》）に統合されるだろう。中国はこれをやっている。中国人民《じんみん》銀行（中国の中央銀行）が他のすべての、例えば、アリペイ（アリババ社。口座《アカウント》8億人）やウィチャットペイ（テンセント社。口座9億人）などのスマホ決済までも一番上から管理している。日本もやがてそうなる。これはまさしくキャッシュレス社会そのものだ。

QR《キューアール》コードは、日本のデンソーというトヨタ系列の自動車部品メーカー社員が発明した技術だ。ところがデンソーはその特許権《パテント》を放棄した。これが現在PayPay（ペイペイ）とかの電子マネーに使われている。ペイペイは、孫正義のヤフーの系列だと言われるが、どうも大きくは背後に中国政府がいる。すでに中国の影響下にある。QRコードはバーコード決済が立体化したようなもので、もう電子マネー（スマホ決済）の8割ぐらいがこれになっている。

私は、あの「ポイントがつきますよ」が大嫌いだ。女たちはあのポイントカードが大好きだ。代金の10％（1割）のポイントまで付けている。一体どういう魂胆《こんたん》でこんな値引き、安売りができるのか。ポイント、ポイントばかり言って「ばかじゃないの」と思う。

あれは女たちへの洗脳《せんのう》だ。政府がわざとやらせている。なぜかというと自動決済、スマホ決済だからだ。何でもかんでもポイント（実質、割引）をつける。だからたくさんの会社のカードばかりが山ほど増える。女たちの中には、カードを50枚以上持っていてそれぞ

生成《せいせい》AI《エイアイ》の話はインチキ。ダメ

×　人工知能
○　人間の経験を数値化しただけの数学的技法

「マスク氏、オープンAIとアルトマンCEOを提訴 契約違反で」
2024年3月1日ロイター

イーロン・マスク氏は29日、生成AI（人工知能）「チャットGPT」を開発したオープンAIと同社のサム・アルトマン最高経営責任者（CEO）を契約違反でサンフランシスコの裁判所に提訴した。

訴状によると、マスク氏は2015年にオープンAIの設立を支援。その際、アルトマン氏は「人類の利益」のためにAIを開発するオープンソースの非営利企業を設立するとマスク氏に説明した。マスク氏は、マイクロソフトが出資するオープンAIが営利を追求しているのは契約違反だと主張している。マスク氏は15年にオープンAIを共同で創業したが、18年に同社の理事会から退いた。

Artificial Intelligence

AIに対する各界からの意見

ソフトウエアの設計図にあたる**ソースコードの文字列が人類を脅かすなどということは、絵空事**だ。生成AIモデルは膨大なコストを使った統計学的トリックでしかなく、この技術が人類の存在に与える脅威は「SFファンタジー」だ。

米言語学者ノーム・チョムスキーは「人間は言語を理解するために遺伝的に組み込まれた“基本ソフト（OS）”を授かっている。**コンピューターはこれを欠く**」

米メタのAI研究責任者ヤン・ルカン氏「オープンソースモデルを支持する。現在のAIシステムは猫より頭が悪い。**AIが人間に脅威を与えると考えるのはまったく理にかなわない**」

れにポイントを付けてもらう。苦《く》にならないそうだ。私はわずらわしくて仕方がない。共通カードになっていると言うけれども、本当かな。とにかく現金、お札を消したいのだ。毎日の買い物の主役は女たちだから、女たちにスマホ決済（デジタル・マネー）に慣れさせて、一刻も早く、1円玉、10円玉の使用をやめさせたいのだ。

このようにして現金が消える問題が私たちの目の前に出現した。それでも現金は非常に大事なものだ。政府は金持ちたちのタンス預金を炙《あぶ》り出したい。そして、それに財産税をかけたい。その一心《いっしん》だ。それが国家、政府の目的だ。

日本国政府は現金を消したい潰したい。だからこそ、これからは自分の手持ちの現金を大事にしてください。世の中から消えてなくなるものには希少《きしょう》価値がある。希少価値をscarcity value スキャーシティ・ヴァリューという。古い書画骨董《しょがこっとう》と同じでそのうち値打ちが出る。

やはり金《きん》を買うしかない。金《きん》を買って金で保有して、いつでも持って逃げられるようにしておく。これが一番大事だ。

これ以上のことは、私もあれこれ言えない。情ないと思うがよい考え（方策）を思いつ

皆さん金持ち層の金融資産が奪い取られる

政府（国）は、国民の金融資産を相続税で狙う。

他に真水で国民から奪い取れるものはもう無いので。

製造サービス業の法人は生かさず殺さずで存続。

大金持ち（大企業一族）はもう海外に逃げた。

経済学（エコノミックス）とは、結局、「追い詰められたら政府と中央銀行は、お金を刷り散らして配る」というだけのことだった。

祥伝社2003年刊

副島の“10大問題”

①ドル崩壊　②株式大暴落　③大恐慌突入
④ハイパーインフレ　⑤預金封鎖　⑥新札切り替え
⑦リデノミ　⑧預貯金への財産税
⑨金（きん）を買え
⑩お札と国債の無限の発行（ジャブジャブ・マネー）

かない。世界はデジタル・カレンシー（電子マネー）に向かって突き進んで、いよいよ金融統制（し易《やす》い）体制になってゆく。これは避《さ》けられない。この動きから逃げられない。

私、副島隆彦の本の、真面目で熱心な読者たちは、金貨を3、4枚買うぐらいの人たちが大半だ。頭でっかちの読書人《どくしょじん》階級だから、その程度の資金力しかない。これが真実だ。ところがその読書人の友人で、すぐ隣りに金持ちの友人がいたりする。彼らは一冊の本をしっかりと読む根気《こんき》がない。それでも私、副島隆彦の本の表紙をチラリと見ただけで、そうか。「金《きん》は、これから3年で3倍になる」（去年の12月刊の本）のか、とピンと来る。そして、即座に、金貨（ゴールド・コイン）を数十枚とか買う。そういう人たちがいる。本当にいる。たくさんいる。１００万人ぐらいいた。

彼らは、この3月、4月の金の値段の大上昇だけでも、随分と儲かった。私は、この小《こ》金持ち層の人たちが、私に、何らかの形で、恩返《おんがえ》しをしてくれることを期待している。しかし、どうやって、私に恩返ししてくれるか、その方策（やり方）が分からない。「副島の本のお蔭《かげ》で自分は金《きん》で儲かったから、その一部をお礼の形で渡してもいい」と思っている人たちが本当にたくさんいるらしい。

金《きん》は、今もじわじわと少しずつだが上昇を続けている。NYの金の先物《さきもの》市場では、ついに1オウンス（31・1グラム）＝2464ドルまで行った。日本国内では、卸《おろ》し（TOCOM、トコム）で1グラム＝1万2000円台になった。これに消費税10％1200円と手数料が300円ぐらい付く。だから、小売りは、1万3500円ぐらいになっている（7月初旬の値段）。

この金《きん》の値段は今年の年末には、1万8000円近くまでゆくだろう。そして来年は1グラム＝2万円になるだろう。私、副島隆彦の金融予測を、信じてこれまでに金《きん》を買ってきた人たちは、皆、喜んでいる。私に恩返ししなさい。

マイナンバーは「個体識別番号」と言うべきだ

マイナンバーとインボイスに注意して警戒しよう。マイナンバーもインボイスも本当に悪い制度だ。もう始まってしまった。

マイナンバーは「国民背番号《せばんごう》制度」のことだ。国民全員にひとりずつ番号を付けた。それを「マイナンバー、私の番号」「はい。これがあなたの国民番号ですよ。あなたが死ぬまでこれですからね」などと本当に失礼な話だ。

世界基準《きじゅん》（world values　ワールド・ヴァリューズ）では、ＩＤ《アイディ》カードという。アイデンティフィケーション・ナンバー、IDentification number の頭《あたま》の2文字のＩＤだけで呼ぶ。個体識別《しきべつ》番号だ。国民の一人ひとりに番号をつけた。だから、かつてこれは国民総背番号制度だと議論された。だから個体識別番号と呼ぶべきだ。官僚国家は必ずこれをやる。

本当は、以前から、①社会保障番号（総務省）と、②健康保険番号（厚労省）と、③運転免許番号（公安委員会、警察）が有ったのだが、これらを統合して、1つの番号にして管轄しようとするものだ。

今回、強力に統合を進めたのは、税金を取り易くするための、④大蔵省・国税庁からの動きだ。すべての役所（官庁）の中で、最強なのはやはり大蔵省だ。マイナンバーとインボイスで、例えば賃貸しアパート経営者たちが集める家賃（rent　レント）の細かい捕捉《ほそく》まで出来るようにした。これが本当の狙《ねら》いだ。

このマイナンバーには紐《ひも》がついていて、紐付きと言って、お金持ち層のお金の動きを国

マイナンバーと、インボイスに注意し、警戒しよう

トラブル多発のマイナンバーカード

４月１日から預貯金口座付番制度の制度改正が始まる。「預貯金者の意思に基づく個人番号の利用による預貯金口座の管理等に関する法律第十七条の規定に基づき金融機関を定める件(案)」だ。

マイナンバーカードの主なトラブル
・コンビニで別人や抹消済みの証明書が発行
・マイナ保険証に別人の情報が登録
・公金受取口座で本人ではない口座が登録
・マイナポイントが別人に付与
・マイナポータルで別人の年金記録が閲覧
・同姓同名の別人にカードを交付

インボイス(適格請求書)

インボイスの導入で、これまで消費税を納める必要のなかった売上げ1000万円以下の免税業者が、泣く泣く課税業者になるか、取引から排除されるか、廃業するかの選択を迫られる。

(共産党・清水ただし)

インボイスは、当事者すべてが損をする制度。インボイス制度によってフリーランスや個人事業主の人たちの負担が増えるだけでなく、登録すれば本名や住所がネットで公開されてしまうことなど問題が山積みだ。　(共産党委員長・田村智子)

税庁がコンピュータで一元管理できる。だから逃げようがない。徐々にじわじわとこれをやる。役所（官僚機構）は何年かかっても構わないから、やる。

いまの日本の人口は、1億２０００万人もいなくて、すでに人口は1億１０００万人ぐらいだ。全員が管理される。インボイスも始まったので、お金の動きがあれば全部バレるようになっている。健康保険証のマイナンバー化を言い出した。「マイナ保険証」と言うそうだ。

Ｐ２３７の3番目にあるのは「ファトカ（ＦＡＴＣＡ）」と言われる。アメリカ国民に対してこのＦ《フ》Ａ《ァ》Ｔ《ト》Ｃ《カ》Ａは、フォーリン・バンク（外国銀行）に開いているアカウントの金融資産《アセット》をすべて税務申告（タックス・デクラレーション）せよ、という制度だ。それと似た法律が、２０１４年から日本でもできた。５０００万円以上の海外資産を申告しなければならなくなった。

こんなのの言うことをまともに聞く必要はない。黙っていなさい。「隠《かく》すべきを隠《かく》し、逃がすべきを逃がす」という態度でいることが大事だ。役所（国家）に対して何でもかんでも、正直にしゃべればいいというものではない。憲法13条が定める、プライヴァシー

（私生活の平穏《へいおん》と言う）の権利が私たちには有る。もし申告するのだったら、適当に書いておけばいい。昔、外国に逃がしたお金は、日本国内に無いのだからまだまだバレない。外国政府は、外国から資金が自国にやってくるのが大好きである。だから、外国の金持ちが持ち込むお金《マネー》を「いらはい。いらはい」で大歓迎する。だから、お金を逃がしてくる金持ちたちの国の政府が、「わが国からの資金の移動を教えて欲しい」と要請しても、簡単には応じない。政府どうしの掛け引きになる。これが国家どうし関係というものだ。誰がよそ（他国）のために努力するか、だ。このことも分かりなさい。

　税務署からの「お問い合わせ」には、自分からゲロゲロしゃべらないことが一番。何か言われた時だけ、「そうなんですか。知らなかった」と言ってごまかしなさい。向こう（税務署）が何らかの証拠の文書を持って来た時だけ、その時は素直に認めればいい。

　国税庁はお金についての警察官だ。お金警察官だ。お金のことにしか興味がない。一般の犯罪は関係ない。関わろうとしない。そして税理士はほとんど国税庁のスパイだと思ってください。税理士を頭から信用しないように。いつの間にか向こう（税務署）にあなたの資産内容が筒《つつ》抜けになっていたりする。税理士にも、余計なことは一切言わないように。自分の財産を守るためには、これぐらいの用心深さと注意力、そして警戒心が必要である。

インボイスは本当は請求書なのに、領収書にもした

インボイスは適格《てきかく》請求書といわれる。このインボイスがおかしいのは、本当は請求書なのだ。インボイスは外国貿易の時の「送り状」とか「仕切り状」として使われている。それを何故か、日本国民を騙すための新しい、奇妙な意味不明のコトバとして法律にした。インボイスは請求書なのだ。それをまるで領収書と同じようなものにした。例えば「代金として10万円を請求した」とたんに、会計学と税法《ぜいほう》で「10万円の売り上げになる」とする。ひどいものだ。まだ代金（費用）を受け取ってもいないのに。

インボイスは、元々、仕切り状とか送り状と言われて、貿易取引で使われていたのだ。それが、請求書がそのまま「はい。売り上げ立ちました」というような制度にしてしまった。インボイスと言われても何のことだか、国民の多くは今も意味不明のままだ。専門家でも分からない。インターフォン（ドアのピンポン）との区別もつかない。訳《わけ》の分からないカタカナ語だ。国家がやることは本当に恐ろしい。

インボイスの導入でこれまで消費税を納める必要がなかった売り上げ１０００万円以下の免税業者が、泣く泣く課税業者になるか、あるいは取引から排除されるか、廃業するかの選択を迫られる。

しかし、もう逃げようがない。どこかの取り引き相手方から、「インボイスを提出してください」と言われたら、いちいち逆らっていられない。でも、気をつけてください。過剰に何でもかんでも役所や税理士事務所の言うことを聞かないように。

かつてアメリカで金《きん》保有禁止の大統領令が出された

金《きん》の没収は、有りません。

たいして資産家でもない人たちが、自分の家で保管している自分の金《きん》まで政府が奪い取りに来るんじゃないか、と不安に思っている。そこまで心配する必要はありません。そんなことまで政府はやらない。そんなことを出来るはずがない。

ただし、アメリカで本当に「金《きん》保有禁止の大統領命令」が出されたことが、歴史上あっ

かつて米で、金《きん》保有禁止の大統領令が有った

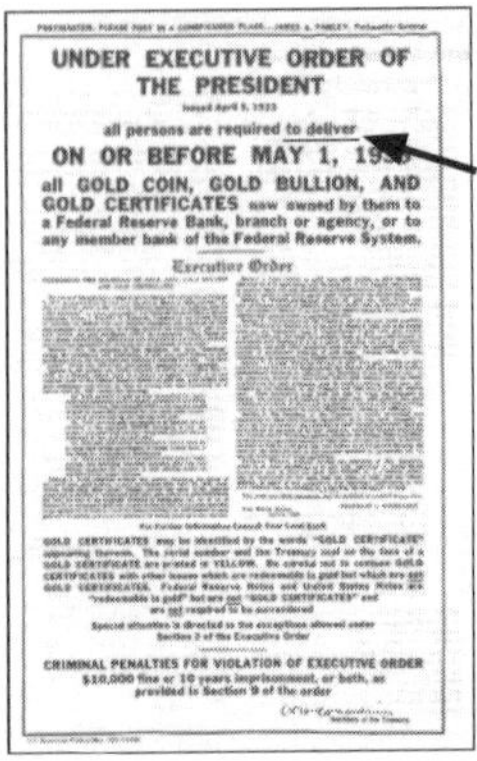
UNDER EXECUTIVE ORDER OF THE PRESIDENT

all persons are required to deliver

ON OR BEFORE MAY 1, 193

all GOLD COIN, GOLD BULLION, AND GOLD CERTIFICATES now owned by them to a Federal Reserve Bank, branch or agency, or to any member bank of the Federal Reserve System.

Executive Order

CRIMINAL PENALTIES FOR VIOLATION OF EXECUTIVE ORDER

$10,000 fine or 10 years imprisonment, or both, as provided in Section 9 of the order

Executive Order 6102号（1933−71年）
deliver 差し出す、引き渡す という政府命令
「国民の私有財産の没収」（今はない）

フランクリン・D・ルーズベルト大統領は、世界恐慌による国家緊急事態が、まだ続いていることを宣言し、個人、パートナーシップ、団体、企業による合衆国国内での金貨、金地金、および金証券の保有を禁止する「大統領令6102」に署名した。（1933年4月5日）

今の日本では、金の没収なんかできません。心配無用。

←エリス島に米国移民局（INS）があった
（自由の女神像＝リバティ島の隣）

**　この大統領令で、国民の金保有を禁じ、20.67ドルの金価格で強制的に没収できるとした。そして、翌1934年に、外国の通貨当局に対し金価格を、1オンス（31.1グラム）＝35ドルに固定した。1971年8月15日に、ニクソン・ショックで、米ドルと金の交換が停止されて（実質的）金本位制が終わった。1974年末以降は、米国民（民間人）の金保有が合法になった。**

た。右ページの文書の通りだ。昔は大統領命令をマンダトリー　mandatory　と言ったが、今は「エグゼクティブ・オーダー」executive order　と言う。この大統領命令は戦争前《まえ》の緊張した時代のものだ。

ここに写真で載せた。フランクリン・D・ルーズベルト大統領は、「アンダー・ザ・エグゼクティブ　オーダー　オブ・ザ・プレジデント」Under the Executive Order of the President 6102号（１９３３～71年）で、１９２9年からの世界恐慌（ワールド・デプレッション）による国家緊急事態が、続いていることを宣言し、「個人、パートナーシップ、団体、企業による合衆国国内での金貨《きんか》、金地金《きんじがね》、および金《きん》証券の保有を禁止する」として、「大統領令６１０２」に署名した（１９３３年4月5日）。こういうことが本当にあったことは知りなさい。

それでも、実際に政府による金《きん》の没収が行われたことはない。戦争が始まる前の１９３3年～１９３5年に、ユダヤ人を中心にしたヨーロッパの金持ちたちが、アメリカに逃げてきた。彼らが手荷物でしっかりと持ってきた金《きん》を、入国の許可を貰った時に差し出させた。そのユダヤ人たちの金《きん》を米ドルに換えてあげて、それでアメリカで生活を始めなさいということだった。その時、金は1オンス＝20・67ドルで買い取られた。アメリカ政府は、その時の公正な市場価格で金を買い取った。この大統領令がいちおう形だけ、1971年まで続いていました、というだけのことだ。だからそんなに不当な大統領命令ではない。

そして翌年の1934年にアメリカ政府はすべての外国の通貨当局に対し、金価格を1オンス35ドルと決めた。これはそのままその10年後の1944年のブレトンウッズ会議の時の値段である。今でも政府間《かん》の取引では、「金《きん》は1オンス35ドル」だ。

ところが、それが今の世界値段では、1オンス＝2000ドルにまでなっている。つまり、ブレトンウッズ（世界銀行ＩＭＦ）体制（金ドル体制とも言う）が定めた金の価格に対して、ドルは57分の1になっているということだ。米ドルがどれぐらい力がなくなったか分かる。

だから、橋本龍太郎首相が日米会談で訪米した時（1997年6月）、ニューヨークのコロンビア大学の講演で、「（私は日本国の首相として）米国債を売って金《きん》を買いたい誘惑にかられる」と言った。それが原因で殺された。橋本龍太郎は、交通事故に遭って、適切な手術もしてもらえず、不思議な死に方をした（2006年7月1日死去）。このようにしてアメリカ帝国の意思に逆らった属国の指導者たちは、殺された者がいっぱいいる。いまでも、「私の国に山ほど貯《たま》っている、このドル紙幣を約束（条約）どおり1オンス35ドルで金に換えてください」と、アメリカ政府に言ったら、その大統領や首相は本当に殺される。

今からもう53年前の１９７１年8月15日に、ニクソン・ショックで米ドルと金の交換が停止された。これはフランスとイギリスの財務長官が、「貿易で貯まったドルを金《きん》に換えてくれ」と言ったら、アメリカは「換えられません」となってニクソン・ショックになったのだ。

ニクソン大統領は、この1カ月前の7月15日に、キッシンジャーを秘かに中国に送ってベトナム戦争の和平交渉《ピース・トークス》として、かつアメリカが中国をソ連（ロシア）から切り離して自分の方に、取り込む外交革命をニクソンは実行した。そしてニクソンは翌年１９７２年2月に中国に行って毛沢東、周恩来と国交回復交渉を始めた。この直後からニクソンもそして日本の田中角栄も狙われて潰《つぶ》された。

この１９７１年で実質的に金ドル体制が終わっていた。それなのに、まだ米ドルの信用が、このあとも続いたのは、「ワシントン・リヤド密約」（1972年）があったからだ。サウジアラビアがアメリカを助けて「原油（石油）の決済は、世界中すべて米ドルでやる」と約束した。これでドル体制が生きのびた。これを私は、「ドル石油体制」あるいは「修正金《きん》ドル体制」と名づけた。これが今ようやく終わろうとしている。このことが、あれから50年たってP94に載せた重要な記事につながる。

今もIMF（金ドル）体制では、1オンス＝35ドルだ。それなのに実際は1オンス＝2000ドルである。金の価格は57倍になった。だから、ドルはもう暴落間近である。こんなに簡単なことを、人々はどうしても分からない。アメリカの金融市場を高金利に誘導してわざとドル高（円安）にしてある。

米ドルにはもう力がない。大きな信用がない。それでもアメリカは威張りくさっている。いつまでも、「ドルは強い。アメリカは強い。世界はアメリカの言うことを聞いていれば、それでいいんだ」という態度だ。それを真に受けて日本にも「日本はこれまで通りアメリカさまの言う通りに従順に従っていればいいんだ」という500万人ぐらいの金持ちと経営者たちがいる。彼らは戦後の80年間、アメリカの支配下、管理下でいい思いをして来た人たちだ。

昔は、小作人《こさくにん》（水呑《みずの》み百姓とちがって農地の耕作地を持っていた）だったのに、今は農協ＪＡ《ジェイエイ》（500組合ある）の幹部になって、100億円ぐらいの資産家（賃貸しアパート経営もしている）になった人たちだ。いつも背広を着て会議ばっかりやっている。農業なんかやらない。彼らのアメリカ様《さま》への崇拝と恩義と忠誠心はちょっとやそっとのことでは消えない。それでも最近は農林中金《ちゅうきん》の12兆円の投資失敗（ＮＹで策略で投資信託を買わされてきた）で、農協（全中《ぜんちゅう》と言う）の幹部たちはひとり10億円ぐらいずつ損失の穴埋めをさせられている。「理事の無限責任」でもっと踏んだくられるだろう。こういうアメリカ熱烈支持のじいさんたちが日本中に今もいっぱいいいる。

財産税は金融資産の保有額しだい

財産税についてこの本でも少しだけ説明しておく。P230の図表を見て下さい。「純《じゅん》金融資産保有額の階層別に見た保有資金規模と世帯数」である。この図表の❶、❷、❸、❹、❺は私がつけた番号だ。

❶のマス層は4200万世帯いる。これに2・5人を掛けたら1億人になる。その上が、

ものすごく大事

あなたが、どこの階層に所属するかで副島の助言が違ってくる

自分が、この表のどこに入るか、厳しく決めなさい。冗談ではない。

純金融資産保有額の階層別にみた保有資産規模と世帯数

出所：野村総合研究所 2023年3月1日

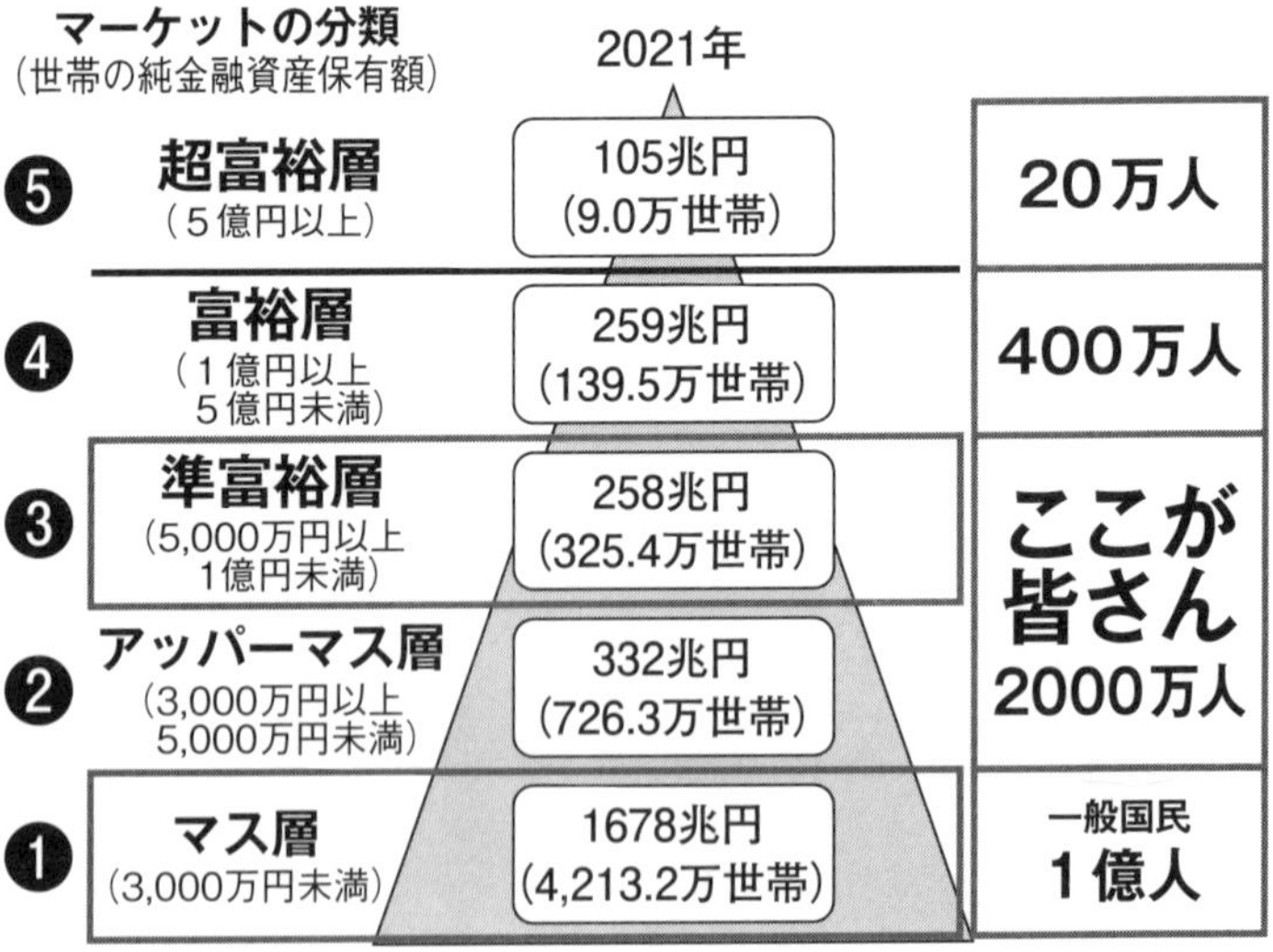

マーケットの分類
（世帯の純金融資産保有額）
2021年
❺ 超富裕層
（5億円以上）
105兆円
（9.0万世帯）
20万人
❹ 富裕層
（1億円以上
5億円未満）
259兆円
（139.5万世帯）
400万人
❸ 準富裕層
（5,000万円以上
1億円未満）
258兆円
（325.4万世帯）
❷ アッパーマス層
（3,000万円以上
5,000万円未満）
332兆円
（726.3万世帯）
ここが
皆さん
2000万人
❶ マス層
（3,000万円未満）
1678兆円
（4,213.2万世帯）
一般国民
1億人

❷アッパーマス層。これは金融庁と野村総研が決めた数字で、私が決めたのではない。ここは3000万円以上の金融資産がある。全部の合計で332兆円の資産を持つ。

その上の❸準《じゅん》富裕層は、5000万円から1億円未満の金融資産がある層だ。❸は住宅（自宅）以外で金融資産を持っている人たちだ。この❸とその下の❷の層が、合計で2000万人いる。この層が、私、副島隆彦の本の読者たちだ。私が小《しょう》資産家（小《こ》金持ち層）と呼んでいる人たちだ。❸は、賃貸し鉄筋アパートを2つ持っていたりする。そこからの収入が毎月200万円（年間で2400万円）有ったりする。

その上が❹の富裕層で資産総額は259兆円だ。野村総研と金融庁の分類で139・5万世帯だから、これに2強を掛けると400万人ぐらいだ。そして一番上の❺超《ちょう》富裕層は、9万世帯でかける2人で20万人だ。この❺の超富裕層は、いわゆる一部上《じょうじょう》場大企業の経営者一族に該当する。ひとりで1000億円持っていたりする。彼らはすでに20年前に、海外に資産を移している。そして、海外から「ファミリー・オフィス」family office と称して、日本株を買っている。

はっきり書きます。❶のマス層は一般庶民です。ところが、この1億人も、上と下の2

つに分かれて、下の5000万人は、本当にきちんと字が書けるかどうか分からないような労働者階級です。ここは貧困層（貧乏人）です。時給1200円でパートで働いている人たちだ。その上の5000万人は一応大学を出ていて、サラリーマン層だけれども、決して金持ち層ではない。ここには自由業種の人たちもいる。ここが1億人。

私の本の読者は、❸の準富裕層か、❷のアッパーマス層の、どちらかでしょう。この2つを合わせて2000万人。ほとんどの皆さんは、ここに入っている。皆さんもここまで自分自身を冷酷に見てください。

そして❶～❺のすべての個人の金融資産の合計は2632兆円である。普通は「日本の個人の資産は2000兆円ある」と言われてきた。

自分がこの表のどの層に所属しているかを冷酷に判断してください。この5つの国民分類は、日本の国家体制のそのものを表わしています。

だから、私はひとことではっきり言います。個人資産が1億円以下の人々は、一般庶民（大衆）ですから、財産税なんか掛かりません。だから安心して下さい。

この1億円の内訳は、半分の5000万円が家。これは財務省が決めている路線価《ろせんか》とい

経営者が、個人かつ法人（会社、企業）でも金《きん》を買っている。この場合の税金の処理

金《きん》の現物《げんぶつ》（地金《じがね》）を買い、値上がり益の儲《もう》けへの課税	
法人	会社の利益にするときは、法人税で処理、30%。本業の利益と合算して申告する。
個人	１年で売ると、所得税は税率55%。５年以上持っていると、利益の27.5%に課税。

〈気をつけること〉

税務署員から

「社長。実質的に、この金《きん》の購入は社長個人の投資ですよね。会社の余資《よし》の運用には該当しませんよね」と嫌がらせを言い出す質《たち》の悪いのがいる。

あなた（経営者）

「そんな理屈の通らないことを言うなら、私は闘う。この違法な法解釈に対して、裁判で争う」と、強い態度に出なさい。向こうはビビる。

金（きん）は鉱物資源の一種なのだから、銅や鉛やアルミと同じく、産業品目である。これをわざわざ金融商品だと考える、今の国家側の理屈は成り立たない。何を法律上の根拠にして金（きん）だけを特別扱いできるのか。法的根拠はない。財務省・国税庁もこのことに気づいていて、特別に金（きん）だけを狙い撃ちにする行政執行（税の取り立て）はできない。このことで彼らは後ろめたい。

う相続税を取る時の基準価格です。しかし今は住宅はボロになっていて、本当は３０００万円でしか売れない。３０００万円で売れればいい方だ。これは一戸建ての住宅の他に鉄筋アパートの一室だったりもする。全国平均ではこれぐらいのものだ。この他に現金、預金と株と金《きん》などの金融資産が、２０００万〜３０００万円有る人たちだ。これが❷と❸の皆さんだ。

そして、ここには親が賃貸しアパートや駅前商業ビルの大きな資産を持っている。だけれど、それはまだ貰えない、若いサラリーマン夫婦みたいな人たちがいる。親が死なないと相続できない。そういう人たちを含めての話だ。

ですから、この合計資産1億円以下の人たちを、政府は相手にしていません。だから、ご心配なく。以後、この❶❷❸の人たちは財産税の心配はやめなさい。あなたたちから、国は財産税という特別な税金をぶったくる気はありません。

政府は、❹と❺の5億円、10億円する不動産や高層高級鉄筋アパート（タワー・レジデンスの部屋）を持っていて、かつ、2億円、3億円の預金や株、債券、ファンド（投資信託）を持っている人たちから、その3割を取ってやろうと考えている。これが緊急時の金融危機が起きた時の財産税です。

最終的には預金封鎖も政府は考えている

日本経済新聞の前田昌孝記者が次のように書いている。これは非常に重要だ。

前田記者は、2020年6月の記事で、「財産税は回避できるか。確率はほぼゼロでも備えよう」と、ちょっと読んだだけではなんだか訳《わけ》の分からないことを書いている。だから重要なのだ。

「財産税は回避できるか　確率ほぼゼロでも備えを」

……財産税《ざいさんぜい》の話題が増えている。……財政の穴埋めを富裕層に求めるのが論理的な帰結だ。予定寄付額を申告してもらい、非常時に実行してもらう手もある。だが、最も協力的な人でも、せいぜい自己の金融資産の20%が限度だろう。後述するようにこれではまったく足りない。やはり強制措置《きょうせいそち》を念頭に置く必要がある。

（終戦の翌年の）１９４６（昭和21）年2月16日に、政府が発表した金融緊急措置《そち》令は、２月17日に預金封鎖《よきんふうさ》をした。５円札《さつ》（副島注記。現在なら5万円だ）以上の従来紙幣を強制的に銀行に預金させ、３月３日に従来紙幣を無効にした。

その後、（資産家層の）１世帯1カ月当たり５００円（副島注記。現在では５００万円だろう）までを新紙幣で預金口座から引き出せるようにした。

同時に臨時財産調査令も発動し、３月３日、午前０時時点の全《ぜん》金融資産（海外在住個人は国内資産の全額）を申告させた。

11月11日には財産税法が成立し、生活に必要な資産以外のすべての資産の３月３日時点での評価額（債務や公租公課を除く）を、翌１９４７年1月31日（後に2月15日に延期）までに申告させた。25〜90％の累進《るいしん》税率に基づいて、申告期限後１カ月以内に現金納付か物納を求めた。

（日本経済新聞、２０２０年6月24日、編集委員　前田昌孝）

これが敗戦の翌年に突如、断行された預金封鎖（bank account cramp down　バンク・アカウント・クランプ・ダウン）と財産税（asset tax　アセット・タックス）の正確な

用心しなければいけない、国内の法律

1. マイナンバー制度の法律（2013年5月24日）で、金持ち層のお金の日本国内の動きはコンピュータで国税庁が把握する
2. インボイス制度も始まった（2023年10月）
3. 海外の銀行口座、資産（5,000万円以上）申告制度の法律は、2014年2月の納税申告から始まった。海外への資産移動が難しい。しかしそれでも逃がすべきは逃がす。

これがP220に書いた米のFATCA

海外口座の情報は国税庁に通知され始めた

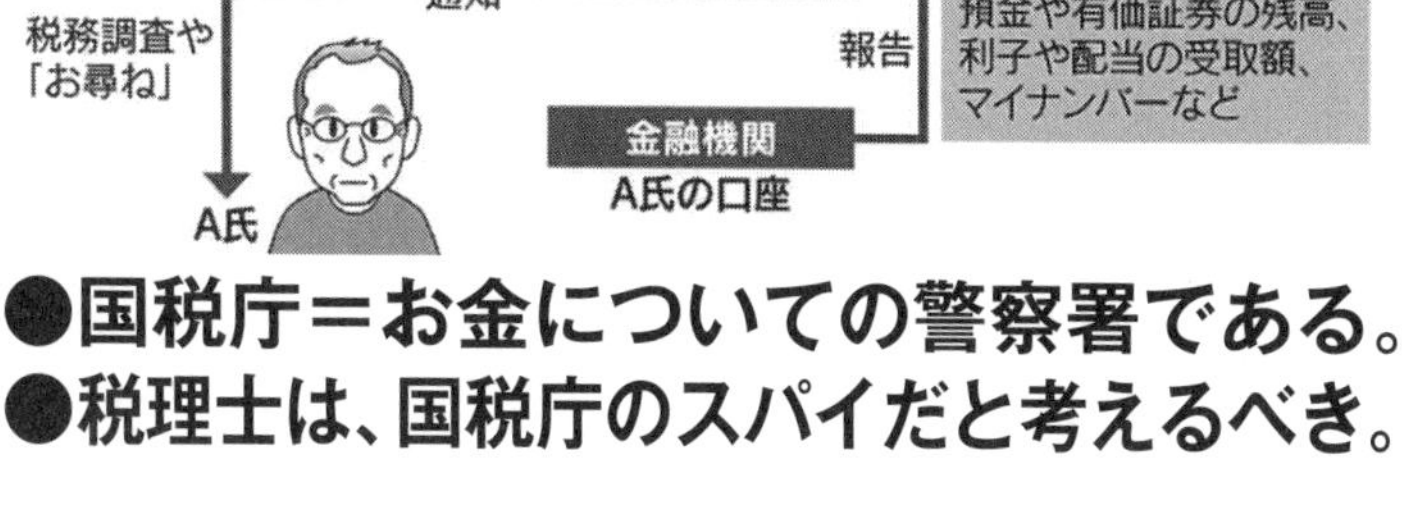

- **国税庁＝お金についての警察署である。**
- **税理士は、国税庁のスパイだと考えるべき。**

説明だ。

この記事に「国の財政の穴埋めを富裕層に求めるのが論理的な帰結だ。予定寄付額を申告してもらう」。国家の財政が敗戦で破綻しているから、国家の危機（国難《こくなん》）なのだから金持ちたちは、進んでその保有資産に対して20％の税金を自ら申告してそして納めなさい、と書いてある。

「非常時に、国家が財政危機で恐慌に突入している時には、これをやるしかないだろう。だが、最も協力的な人でもせいぜい自己の金融資産の20％しか申告しないだろう。それでは足りない。やはり強制措置《きょうせいそち》を念頭に置く必要がある」とはっきり書いている。


日本政府が発表した金融緊急措置令は、敗戦後すぐの1946年2月16日だ。これは法律のように見えるけれども法律ではない。マッカーサー司令部（GHQ）が金融緊急措置令を出して預金封鎖をしたのだ。日本は戦争に負けたあとで、国会議員たちはまだ選ばれていなかった（4月10日が戦後初の総選挙）。

だから預貯金封鎖も財産税もマッカーサー占領軍の命令で実行されたものだ。その当時、5円という高額のお札があった。下級公務員の月給が戦争中もずっと12円ぐらいだった。

「強制的にそれ（5円札以上）を銀行に預金させ、3月3日に従来紙幣を無効にした」。即ちチャラにした。その後、1世帯1カ月当たり500円を引き出せる許可を出した。この金額は現在では、物価上昇は1万倍だから500万円だ。この月に500万円まで下《おろ》せるを本当に、政府は実行するだろう。

この「1万倍」という言葉を覚えなさい。戦後すぐの値段から物価と賃金は1万倍になっている。戦前、戦争が始まる前から戦争が終わった直後まで、一番下っ端の職業軍人（軍曹とか兵長）と、若い公務員の月給は12円だった。それが今は基本給で12万円だろう。だから1万倍になったのだ。風呂代や床屋代、新聞代が3000倍になった、とか言うが一番分かり易いのは賃金だ。この「給料が一万倍になった」という数字だ。

預金封鎖と新札切り替え（この2つで金融緊急措置令）を断行したことで、ハイパーインフレが襲いかかった。すぐに、12円が10倍の120円になった。そして14年たった1960年にはさらに10倍で1万2000円になった。これが東京の一流企業の若いサラリーマンの給料だ。1960年、私が小学校2年の時、教師がぶつぶつ言ったのを覚えている。「私の給料は8500円だ」と授業中に言った言葉が私の耳に残っている。小学校2年生の私は「へえー。学校の公務員の月給は８５００円なんだ」と。２０２４年の現在、ようやく大卒の初任給が24万円ぐらいだ。この30年間は、日本はひどいデフレ（不況）で給料（賃金）はほとんど上がっていない。まったくヒドいものだな。

本当の富裕層はもう海外に逃げている

日本国はやがて金融統制に入る。その時、前の表の❹と❺の大金持ち層の金融資産が奪い取られることになる。それは相続税が３億円、５億円かかるような大金持ちたちだ。

Ｐ２３０の図をもう一度よく見てください。繰り返すが、この❷と❸に所属している人たちは、あまり心配しなくていい。２０００万円や３０００万円の金融資産（預金）は生活費の蓄《たくわ》えだ。その生活費まで取りに来るほど、国家、政府は暇《ひま》ではない。だから心配しないように。

❹と❺の大金持ち層の金融資産はまず相続税で狙われた。だから彼らは早くから海外に資産を逃がした。とくに、相続税のない国に逃がしている。王族（なんと1万人もいる）を守るために相続税がないマレーシアやタイに資産逃避《とうひ》（キャピタル・フライト）させて

いる。政府が国民から奪い取れる資金は彼ら大金持ち層のものしか他にはない。

政府は、ＮＹ発の金融恐慌の始まりに合わせて金融緊急統制令を出すだろう。その時に備えるべきだ。それでも製造業やサービス業、流通系のお店などの企業は、今のまま経営は続くから心配しなさんな。法人は経営者が代替わりしても、経営がしっかりしていれば会社は続いていく。財産税を課されるのはあくまで個人だ。そして❹と❺の大金持ち層だ。

最上層の❺の大金持ちたちである大企業の経営者一族は、もうとっくに資産を海外へ逃がしている。本人も住所（住民票。国籍はそのままで日本人はやめない）を外国に移して、ほとんど日本にいない人たちがいる。彼らは、こそこそと日本に帰って来ても、ホテルに滞在する。日本国内に不動産を持っていない。すべて処分した。歯医者にかかるために帰ってくる。日本の住民票を外国に移すと、日本人として納税申告をする必要がない。その外国でするからだ。困るのは健康保険がなくなることだ。しかし、日本の医療保険制度も崩壊していて、年間１００万円も保険料を取られる。それぐらいなら自費で病院に行く方が安あがりだ。自分で外国の有料の健康保険に入る。外国に逃げている日本の大金持ちたちはこのように行動している。

彼ら大金持ちたちは、外国に、前述したファミリー・オフィスというのを持っている。スイスやベルギー、オランダ、ドバイ、シンガポールに法人を作って、そこから日本株を買っている。「株の外人買い」と言うが、買っているのは日本人だ。外国人の投資家には、日本企業の銘柄や、それらの企業の長い歴史など理解できない。外国人（投資家）には日本株の知識はない。ほとんどない。大型株（国際優良株《ブルーチップ》）のことしか知らない。だから外国から日本株の中小銘柄を買っているのは、この日本人の海外移住者たちだ。その資金はひとり1000億円を超える。

ファミリー・オフィスは、資産運用のための一族会社のことだ。それをノミニー nominee と言って、アノニマス（匿名《とくめい》）になっている。このノミニーたちの名前は分からないようになっている。もう30年前から海外に逃がしている。

こうした大金持ちたちは、戦後に世界各国に工場進出したり、会社法人をつくったりしてきた。だから外国に個人の資金も逃がす技術と知恵を身につけた。大金持ちの個人が逃げ出したのは、30年前くらいだ。今からでも相続税対策で3億、5億のお金を逃がして、向こうで金《きん》を買って向こうの銀行に預けたい、という人たちは、今からでもタイとマレーシアとインドネシアに預けるのがいい。そのために、一冊の本を強く推薦する。まさにそ

銀行の貸《かし》金庫は もう借りられない

＊銀行の店舗の激しい減少で、貸金庫も減っている。満杯で借りられない。
＊銀行は税務署の言いなり。監視カメラの映像をすべて渡す。

これからは貸金庫は、銀行以外の民間の大手倉庫業者の貸金庫、トランクルームに預ける

例えば、●住友倉庫 ●寺田倉庫 ●三菱倉庫 ●三井倉庫 ●東陽倉庫 ●三共フロンテア　などがある

三井倉庫の土佐堀トランクルーム（大阪市）

寺田倉庫のトランクルーム

トランクルームサービスには、倉庫業者と非倉庫業者が提供するサービスがある。前者は事業者が保管責任を負い、後者は利用者の自己責任に委ねられている。この違いを、利用するときには気をつけること。

インドネシアが、これからものすごく重要

ボゴール宮殿での行事（歓迎行事・ボゴール植物園ご視察・ご会見・午餐会）
2023年6月19日

日中イ三角同盟

ジョコ大統領夫妻を皇居・御所に招き、会見　2022年7月27日

プラボウォ新大統領（72）（右）が当選した（2024年2月14日）。ギブラン副大統領（36）は、ジョコ大統領の長男

の通り『大恐慌と戦争に備えて個人資産の半分を外国に逃がす準備を！』（根尾知史《ねおともし》著、秀和システム刊、２０２３年５月）という本である。著者の根尾知史君は、私の弟子のひとりである。

これからはインドネシアに注目すべきだ

インドネシアがものすごく発展しつつある。人口は2億８０００万人になった。その隣がマレーシアだ。同じマラヤ人だ。元々はインドから来たイスラム教徒たちの国だ。マレーシアのジョホール地区はまだまだ伸びる。シンガポールのすぐ北隣りだ。ここは戦争がない。ちょっと暑い南の国だが、これからもっと伸びる国がマレーシアとインドネシアだ。どちらも石油と天然ガスが山ほど出る。

インドネシアは最近大統領選挙があって（２０２４年2月）、プラボウォ・スピアントという軍人あがりが大統領になった。プラボウォは見るからに悪い顔をしていて、本当にワルだった。25歳の将校の時から人殺しもいっぱいした。スハルトというアメリカの手先の、悪い前の大統領の、その娘をもらった後継者で、インドネシア軍を今も握っている。

では悪人が大統領になったからインドネシアは地獄なのかというと、そうではない。プラボウォは、ジョコ・ウィドドに説得されて心（考え）を本気で入れ替えた。

この4月まではジョコ・ウィドドが大統領だ。ジョコ・ウィドドはちっとも威張っていなくて、家具職人からはい上がった偉い人だ。国民に大変な人気が今もある。ジョコ・ウィドドの実の父親は、1965年に起こった軍事クーデター「9月30日事件」で、スカルノが失脚した時に殺されている。この時、50万人が殺害されたと私はずっと思っていた。本にもそう書いてあった。本当は300万人が殺されていた。アメリカのCIAが全部情報（殺害リスト）を握っていて、スハルト派の軍人たちに、一斉に捕えて殺させた。

出血しないように首を針金でぐるぐる巻きにして殺して河に投げ捨てた。華僑系とインドネシア共産党支持者たちが、アメリカの指図と命令で1965年に300万人も殺された。スカルノ大統領は殺されなかったけれど以後、幽閉された。その時からずっと60年間インドネシアは南洋の地獄の底に沈んでしまった。

インドネシアが、戦後世界で躍進して1955年4月に、バンドン会議（アジア・アフリカ会議）を開催した。そして「中立国の第3世界の指導者《リーダー》」として登場した。だが、このことはアメリカとイギリスのザ・ディープ・ステイトの激しい怒りを買って、〝南洋の地獄の島〟となって沈んでいった。それがようやく再び60年かけて戻って来た。それがジョコ・ウィドドの政権だった。

スカルノ大統領と日本人のデヴィ夫人がその直前に結婚して、デヴィ・スカルノと呼ばれるようになった。スカルノ大統領に１９６４年の来日時に、見染められて結婚して、娘が生まれて今は孫もいる。デヴィ夫人は「９・30クーデター」の時には、窓から逃げ出しながら生き延びた。

デヴィ・スカルノは本名を根本七保子という。私は『税務署にいじめられた有名人たち』という本（光文社、２０１４年刊）も書いていて、その時デヴィ夫人にもインタビューした。

旧日本軍の今村均大将が偉かった

インドネシアは第二次世界大戦後、すぐに独立する。日本は戦争で負けたけれど、日本の今村均《ひとし》大将がものすごく立派な軍人で、現地で悪いことを何もしなかった。彼は、戦時中にオランダからの独立運動をする若者たちだった、このあとインドネシア共和国の初代大統領になったスカルノと初代副大統領のモハマッド・ハッタたちに武器と弾薬を与えて「独立せよ」と一所懸命応援した。「ムルデカ」という日本人の軍人たちも独立戦争を支援した。彼らは現地の女と結婚してインドネシアに残った人たちだ。

今村均が偉いのは、高級軍人として東京裁判（トウキョウ・トリビュナル）にかけられたが、何も悪いことはしていなかったので東京裁判で無罪だった。自分の部下たちがインドネシアで戦犯《せんぱん》（戦争犯罪人《ウォー・クリミナル》）としてブカタという刑務所に収監されていた。今村は、自らその刑務所に入りに行って、3年くらい収監された。そして部下たちと一緒に帰って来た。このことにマッカーサーが感激している。ラバウル航空隊が孤立しながらも餓死者を出さずにそこの日本軍が生き延びたのも今村均大将の深い叡智である。本当に偉い人だ。

インドネシアは今から伸びる。日本の東海大学や鹿児島大学の水産学部から日本の養殖技術をたくさんインドネシアは学んだ。大きな海洋国で、1万2000もの島がある国だから、養殖の漁業がこれから伸びる。インドネシアは原油や鉱物などの天然資源も豊富に出る。

今は成田空港から日本産の生きたままの立派な1匹3万円みたいな魚を、どんどん生《い》け簀《す》で中国に生きたまま空輸している。大金持ちの中国人が喜んで食べている。〝成田漁港〟と言われる。

だが、やがて世界の魚の半分以上がインドネシアで採れるだろう。投資するならインドネシアだ。１回現地に行ってみればすぐに分かる。

インドネシア人は、自分たちの国の独立のために、日本人が同じアジア人として協力してくれたから、日本が大好きだ。日本のことをなんでも分かっている。日本人のほうが分かっていない。今、多くのインドネシア人が旅行者として日本に来ている。

でも天皇家はこのことをよく分かっている。だから、天皇と皇后は在位して初めての訪問先としてインドネシアに行った。インドネシアからもジョコ・ウィドド夫妻が来日して天皇皇后夫妻と会っている。その時撮った写真が両国の真実を伝え合っていて本当に素晴らしい。

第5章

アメリカは内戦（市民戦争《シヴィル・ウォー》）で国家分裂するだろう

国民の80％の支持率でも、なぜかトランプは当選できない

西森マリーさんが、『帰ってきたトランプ大統領　アメリカに〝建国の正義〟が戻る日』（秀和システム　2023年4月刊）という本を出した。西森さんはアメリカのテキサス州在住で、英語で大量に情報収集して日本に発信してくれる優れたジャーナリストだ。この西森さんの本の推薦文は私が書いている。

「なぜアメリカのメディアはトランプ「復帰」（〝もしトラ〟）を恐れるのか。それは奴らがカバール広報部そのものだからだ」と、この本の帯に書いてある。

カバールとは何か。ディープステイトをさらに上から操《あやつ》っているのが、カバール Cabal という巨悪《きょあく》の者たちだ、と西森さんがこれまでずっと説明してきた。このディープステイト＝カバールが地球を一番上から支配しているという主張だ。私、副島隆彦もこの考え（理論《セオリー》）を支持している。そのために、私も西森さんも✖陰謀《いんぼう》論者と呼ばれて、日本国内の体制派から嫌われている。それは構わない。私たちから見たら、彼らこそ反共《はんきょう》右翼

の統一教会《とういっきょうかい》で、まさしくディープステイトの手先、子分たちだ。英語のconspiracy theorist「コンスピラシー・セオリスト」を✖陰謀論者などと訳《やく》して勝手に使うな。✖陰謀論という言葉を私は認めない。許さない。「副島って陰謀論者なんでしょ」などと呼ばれて不愉快だ。コンスピラシー・セオリーは正しくは○権力者共同謀議《きょうどうぼうぎ》（はある）理論と訳《やく》すべきだ。私はこのように頑強に主張、要求し続ける。

アメリカ国民の80％はトランプを支持している。それなのに、大統領選に勝てない。こんなことが許されていいのか。一体、今のアメリカはどうなっているのか、だ。おそらくまた巨大な不正《ふせい》選挙（voter fraud　ヴォウター・フロード）が行われる。1億票以上がバイデン（あるいはその取り替え）の側に、またしてもドミニオンDominionという違法マシーンで移し替えられるだろう。

そうなった時、アメリカ合衆国という国は、どういうことになるのか。アメリカは〝元《がん》祖《そ》デモクラシーの国〟である。1776年（250年前だ）に、イギリス国王ジョージ3世の支配から脱出して独立宣言を出した。この時から、王様のいない国、即ち共和国《リパブリック》でかつ、デモクラシー（代議制民主政体《せいたい》）の国だ。このデモクラシーの基礎、土台である、選挙で巨大な不正をやっている。こんなことでこの国家は長持ちするのか。私はそうは思わない。

今の世界を支配する超《ちょう》財界人たち（ザ・ディープステイト）を叩き潰せ。私、副島はこれを望んでいる。それでもディープステイト＝カバールの悪魔崇拝《ディアボローイズム》の巨悪《きょあく》のワルどもが、簡単に政治権力を手放すわけがない。それでは、これから何が起きるか、だ。


デモクラシーを、✖民主主義と訳してはだめだ。デモス＋クラティア demos（民衆）の＋cratia（支配体制）で、民主政治体制が正しい訳だ。✖民主主義ならば「デモクラチズム」であるはずだが、そんな言葉は無い。「キャピタリスムス」の資本主義や「リベラリズム」の自由主義とは違う。デモクラシーはイデオロギー（イデアのロゴス）ではない。

デモクラシー（民主政体《せいたい》）とは、民衆《デモス》の多数派が選挙で選んだ代表（指導者）たちが、権力（power パウア）を握るという制度である。私が、いくらこのことを言っても、日本の国民は知識人層でさえ分かろうとしない。恥を知れ。ロシアや中国だってデモクラシーなのである。普通選挙制（ユニヴァーサル・サフレッジ）と複数政党制（マルチ・パーティ・システム）を採用しさえすればいい。

代議制（代表制）とは選挙のことだ。指導者を公平な選挙で選ぶ制度だ。もしその者たちがダメだったら、また選挙して取り替える、という政治体制だ。だからデモクラシー（代議制民主政体《せいたい》）はピープル（貧乏人大衆）のひとり一票の選挙によって選ばれた代表に、権力（パウア）を握らせる。王様や将軍さまの子が世襲する、という制度はこれで壊された。昔は貴族と大金持ちしか投票権がなかった。今は貧乏人大衆も一人一票だ。そして80％のアメリカ人がトランプでいいと言っている。それなのに、それでも権力を握れないというのは、一体どういうことだ。それが今のアメリカだ。この正直な議論を日本では誰もしない。

今から4年前の「2020年11月の米大統領選挙で不正は何もなかった」と言う者は、本性《ほんせい》の卑しい、人格のゆがんだ人間だ。本気で「不正はなかった」と言うなら、本当にキタナラシイ人間だ。そういう穢《きた》ない人間（たち）というのが、本当にこの世にはたくさんいる。日本にもいる。だから現実の人間世界というのは、ヨゴレた暴力団体質の人間たちと共存してゆく世界だ。人間は齢《とし》を取って、痛い目に遭《あ》って少し苦労したら、このことが分かるようになる。悪い人間たち、というのが本当にたくさんいる。この他に頭の悪い、愚鈍な人間たちというのもたくさんいる。こういうことは普通は本に書いてはいけないことになっている。しかし、もう71歳になった私は、何でも書く。

トランプが殺されるわけにはいかない。トランプを守っているのは、アメリカ軍人の将軍（ジェネラル）たちと、全州の警察署長（チーフ）とかだ。みんなトランプ派だ。なのに勝てない。何故大統領選でトランプは勝てないのか。今、人類（人間）は、この問題に直面している。もしかしたら、本当にこの世は、悪魔（ディアボロー）たちが支配しているのかもしれない。

今年の11月5日の大統領選挙ができるかどうか分からない。私には予知能力みたいなものがある。何かが起きる。今、それを強く感じている。

アメリカは内戦状態になって国家分裂する

アメリカはひどい、ぼろぼろの国になっている。大都会も、そこら中が、穴ぼこだらけだ。中心地のショッピング・ストリートも安心して歩けない。きれいなお店が開いていない。客が来ないし、家賃（レント）も払えないから、高層ビルは板塀《いたべい》で囲《かこ》っている所が多い。こういう真実は、日本では全く報道されない。アメリカは繁栄が続いている立派な国だとウソの情報ばかりが流される。

アメリカはもうすぐ内戦《ないせん》になる。この「第2次南北戦争をやるべきだ」と、私は願っている。内戦《ないせん》というのは、市民戦争（civil war　シヴィル・ウォー）と言って同じ国民どうしが戦って殺し合いをすることだ。まさしくアメリカの南北戦争（1861〜65年）が、この国民どうしの戦争で、内乱・内戦だった。80万人ぐらいの兵士が双方で死んだ。ワシントンやニューヨークの北軍《ほくぐん》の政府が勝った。南軍《なんぐん》の13州（The Confederation　ザ・コンフェデレイション、南部連邦）が負けて、南部は悲惨な状態になった。この時の恨《うら》みがアメリカの南部の人々に残っている。この内戦《ないせん》が再び起きてアメリカは国家分裂する。アメリカの南部の国民は銃を持っている人たちが多い。アメリカの過激な若者たちどうしがぶつかって双方で5万人〜10万人、死ぬことになるだろう。

そしてアメリカは3つの国に分裂する。❶東部のニューヨーク、ワシントン、シカゴを中心にするアメリカ東部国《イースト》。❷つ目は、テキサス州を中心にした、アメリカ、サウス国だ。トランプ支持勢力は、このアメリカ・サウス国に結集する。❸つ目が、BLM《ビーエルエム》という黒人の、どうしようもない暴れ者たちがいるカリフォルニア州を中心にしたアメリカ西部国《ウエスト》だ。この3つの国に分裂する。今年の10月までにドナルド・トランプは家族と共に、米空軍に守られながら、今のフロリダ州のパームビーチを離れて、テキサス州に移動するだろう。そして、アメリカサウス国の初代大統領になるだろう。首都《キャピタル》は、今のテキサス州の州都サンアントニオよりももっとメキシコ寄りに新しく建設されるだろう。

トランプは賢いから、❶のアメリカ東部国《イースト》が抱える巨額の借金を背負わない。誰が、そんな馬鹿なことをするものか。トランプが悪《わる》に嵌《は》まって、再び大統領になったら、それこそ、地獄の苦しみだ。誰が、そんな策略に乗せられるものか。すでに私は、5年前に『国家分裂するアメリカ政治　七顚八倒《しちてんばっとう》』（秀和システム、２０１９年）という本を書いた。この本でアメリカは３分裂する、と書いた。アメリカの国家分裂を私は強く予想（予言）している。２０２５年にアメリカ国内は内戦内乱状態になって大騒動になるだろう。もう今のままでは済まない。

あとがき

この本を書き上げるのに苦労した。この4、5、6月の3カ月に悪戦苦闘《あくせんくとう》した。文筆家（言論人）が文章を書けない（書かない）苦労など、世の中の知ったことではない。「早《は》よ。書いて出せ。待っているんだぞ」が人々の言葉だ。

本書『米国債の巨額踏み倒し《デット・リストラクチュアリング》で金融統制が来る』は、A《ア》 rotten《ロットン》 system《システム》 for《フォー》 sovereign《ソヴリン》 debt《デット》 restructuring《リストラクチュアリング》 needs《ニーズ》 fixing《フィクシング》. という英文に戻して、これを、なんとか日本国民が分かるように説明することだ。この一点だけに集中し絞り込んで、私はこの一冊の本を書いた。「現在のアメリカ合衆国が抱える巨額の国家債務（借金）の仕組みは腐り果てているから、それを組み立て直す（再編する）必要がある」という意味だ。

ところが、もうすぐ起きることは、アメリカ政府が宣言するであろうが、〝（We have）No financial responsibility.〟「私は債務を返済する責任は負わない」「大借金を返す気はない」だ。アメリカは居直り強盗をするだろう。

これと同時併行で起きているのが、貧乏新興国54カ国で一斉にやるかもしれない、世界銀行、ＩＭＦからの借款《しゃっかん》（借金）の踏み倒しである。これは〝G20 Common《ジートゥエンティコモン》 Assurance《アシュアランス》（＝Debt《デット》）Restructuring《リストラチュアリング》 Program《プログラム》〟として現在G20で議論されていることだ。

私はこの本でもっと多くのことを説明したかったが、気が勢《せ》いて、とても私の頭（思考力）が追いつかない。それでも、これだけのことを書いた。本当に苦しい3カ月だった。これでよしとする。

最後に、この本も徳間書店編集部力石幸一氏の苦労と共に成った。記して感謝します。

副島隆彦

２０２４年7月

特別付録

副島隆彦が推奨する 大恐慌でも大丈夫な株15銘柄

いよいよ国家が破産する時代がこれから始まる。巨大な金融核爆弾がアメリカで破裂することになる。大量に刷り続けた米国債をデフォールトさせて、アメリカは借金を踏み倒す。ついにドル覇権が崩壊し、世界はドル大暴落に巻き込まれていく。しかし、アメリカが衰退しても、現実の経済を支えている日本企業の株式は実物に裏打ちされている資産だ。とりわけデフレの40年を生き抜いてきた日本企業の中に、堅実に利益を出している会社がしぶとく生き残っている。健全で実体のある銘柄株を厳選した。

副島隆彦

凡例
・企業名の前の４桁の数字は「証券コード」。
・チャートは東京証券取引所他、各種の時系列データから作成した。

推奨銘柄一覧

2024年6月18日現在

銘柄コード	銘柄名	株価	PER	PBR	配当利回り
1736	オーテック	3,855	9.85x	1.00x	3.37%
1815	鉄建建設	2,510	14.04x	0.52x	3.98%
2902	太陽化学	1,519	8.04x	0.54x	3.75%
3173	Cominix	882	9.87x	0.77x	3.97%
3277	サンセイランディック	1,001	8.25x	0.68x	4.00%
4231	タイガースポリマー	829	7.50x	0.41x	4.10%
5018	MORESCO	1,334	11.64x	0.61x	3.37%
5368	日本インシュレーション	965	10.89x	0.63x	3.83%
5644	メタルアート	3,430	6.65x	0.45x	3.73%
6247	日阪製作所	1,048	18.48x	0.49x	4.01%
6369	トーヨーカネツ	3,900	12.03x	0.80x	4.18%
7607	進和	2,869	15.35x	0.96x	3.49%
8093	極東貿易	1,731	17.78x	0.83x	4.04%
9074	日本石油輸送	3,015	8.31x	0.40x	3.32%
9991	ジェコス	976	8.04x	0.52x	3.79%

東証 STD
1736

オーテック

建設業

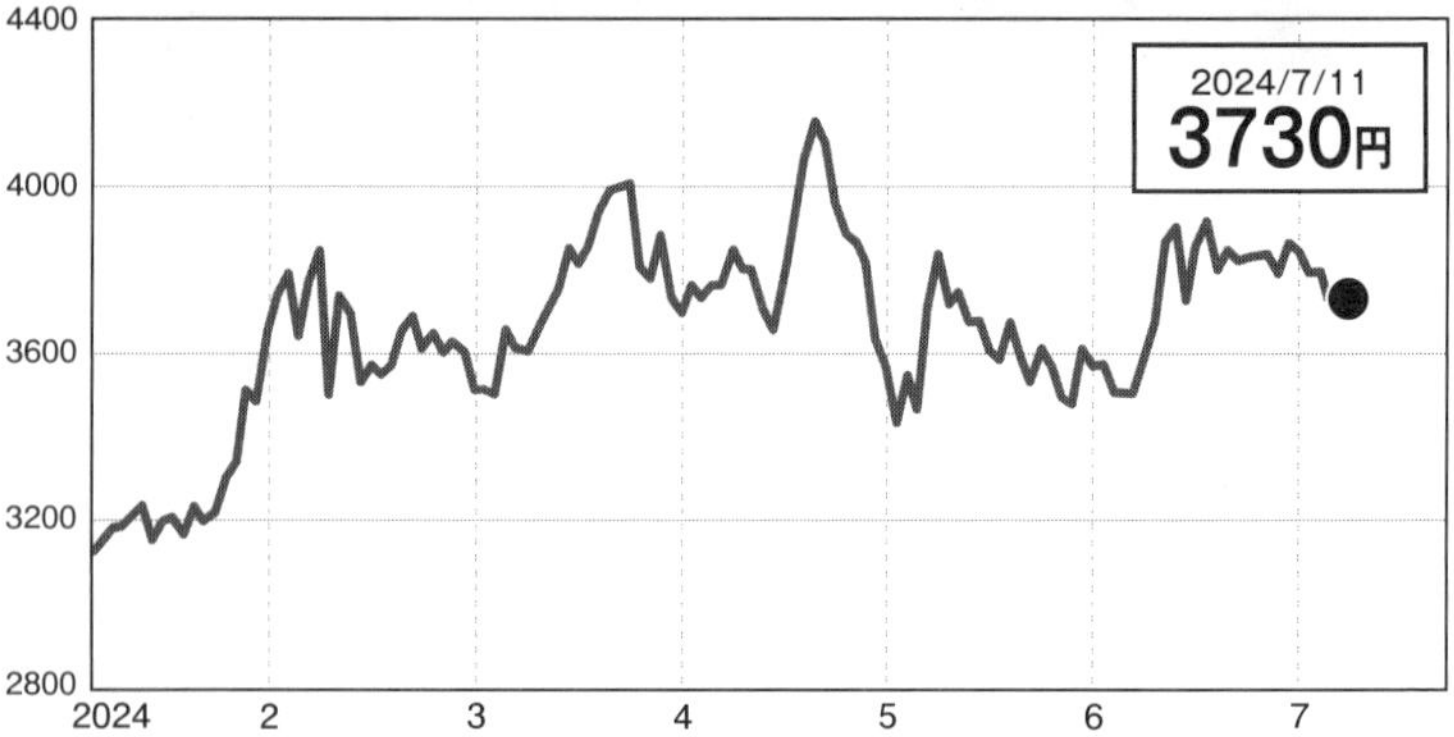

アズビルグループの計装会社。計装とはビルや工場において空調その他の制御システムを構築して電気のロスを減らす仕組みであり、アズビルグループは国内市場で圧倒的な存在。経済正常化により国内の計装が活況を呈している。半導体工場の建設が相次いでいることも追い風。2024年3月期は主力の環境システム事業（計装事業）が好調であった。2025年3月期は連結営業利益が過去最高を更新する見通し。

東証 PRM
1815

鉄建建設

建設業

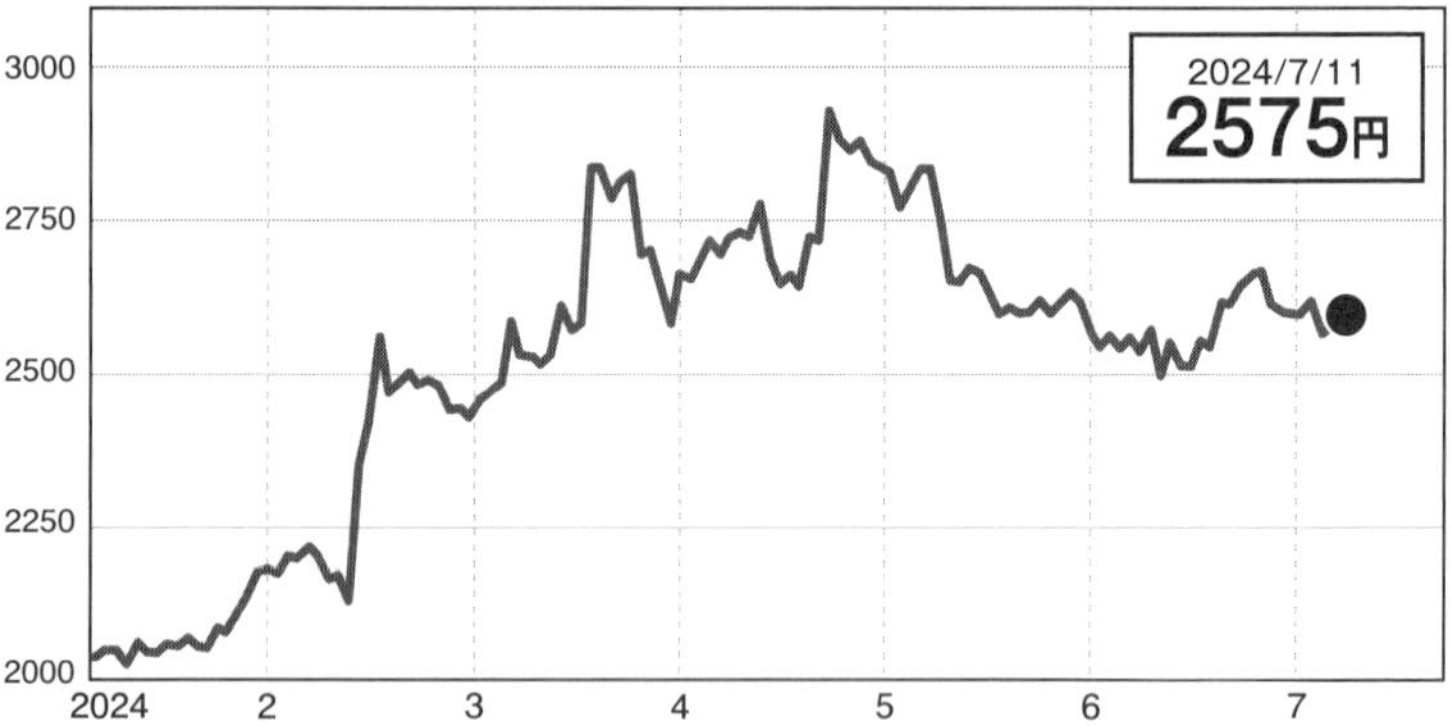

鉄道の補正工事に強い。JR 東日本の鉄道補正を手掛ける企業の一角。鉄道のレールのメンテナンスは、終電後から始発までの深夜時間に実施する必要があり、機材も技術も特殊であることから、参入障壁がとても高い。そのため安定的に仕事が出る。コロナ騒動により工事単価や発注量が絞り込まれた影響から2024年3月期まで3期連続営業減益となったが、不採算案件の解消など採算性が改善し、2025年3月期は営業増益の見通し。

名証 MN
2902
太陽化学
食料品

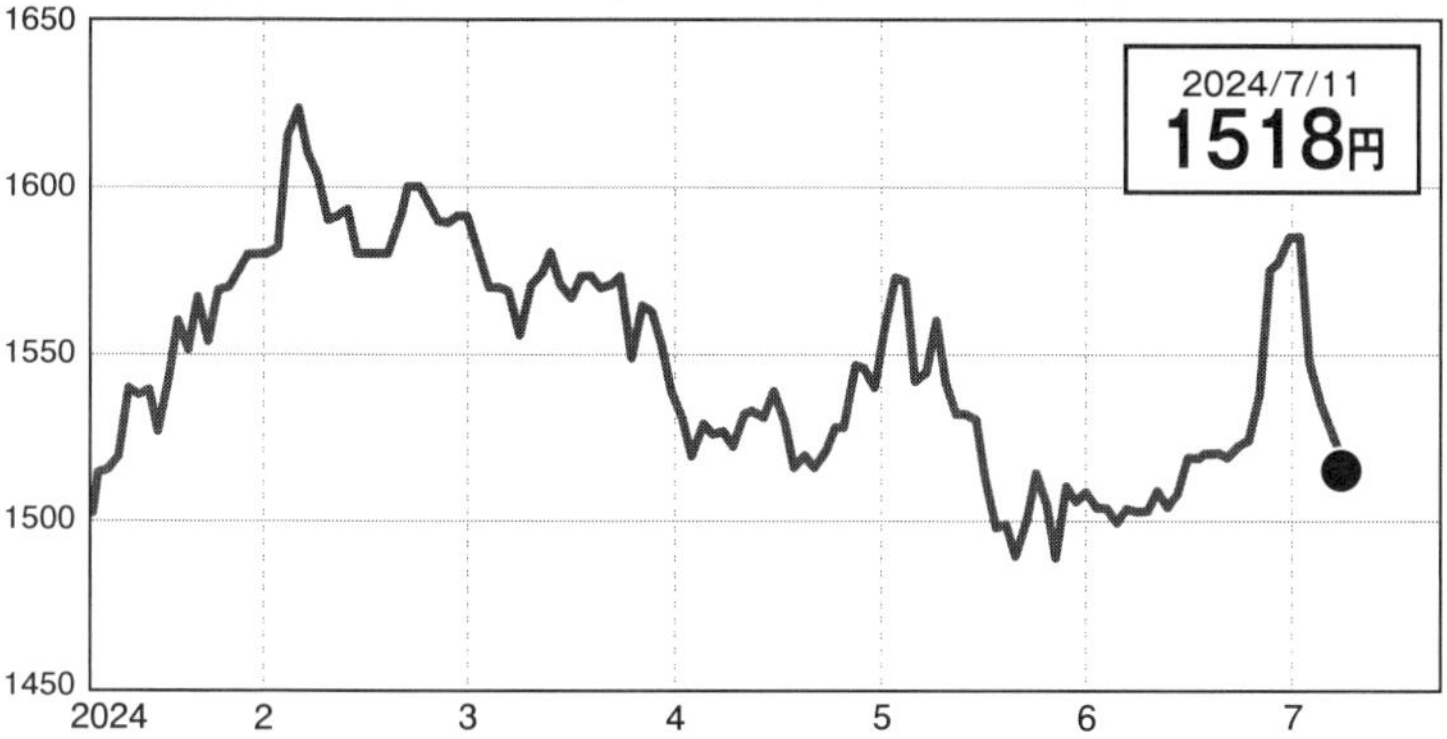

食品用乳化剤、食品用乳化安定剤の国内パイオニアメーカー。食品で培った技術をベースに化粧品にも展開している。インド、中国に生産拠点があり、アジアを中心に世界展開している。2024年3月期は製品価格の改定効果が浸透して前期比二桁増収増益を確保した。自社素材を使った顆粒パッケージ工場が6月に竣工しており、年後半に本格稼働を予定している。素材から生産まで自社でコントロールすることで採算性改善を目指す。

東証 STD
3173
Cominix
卸売業

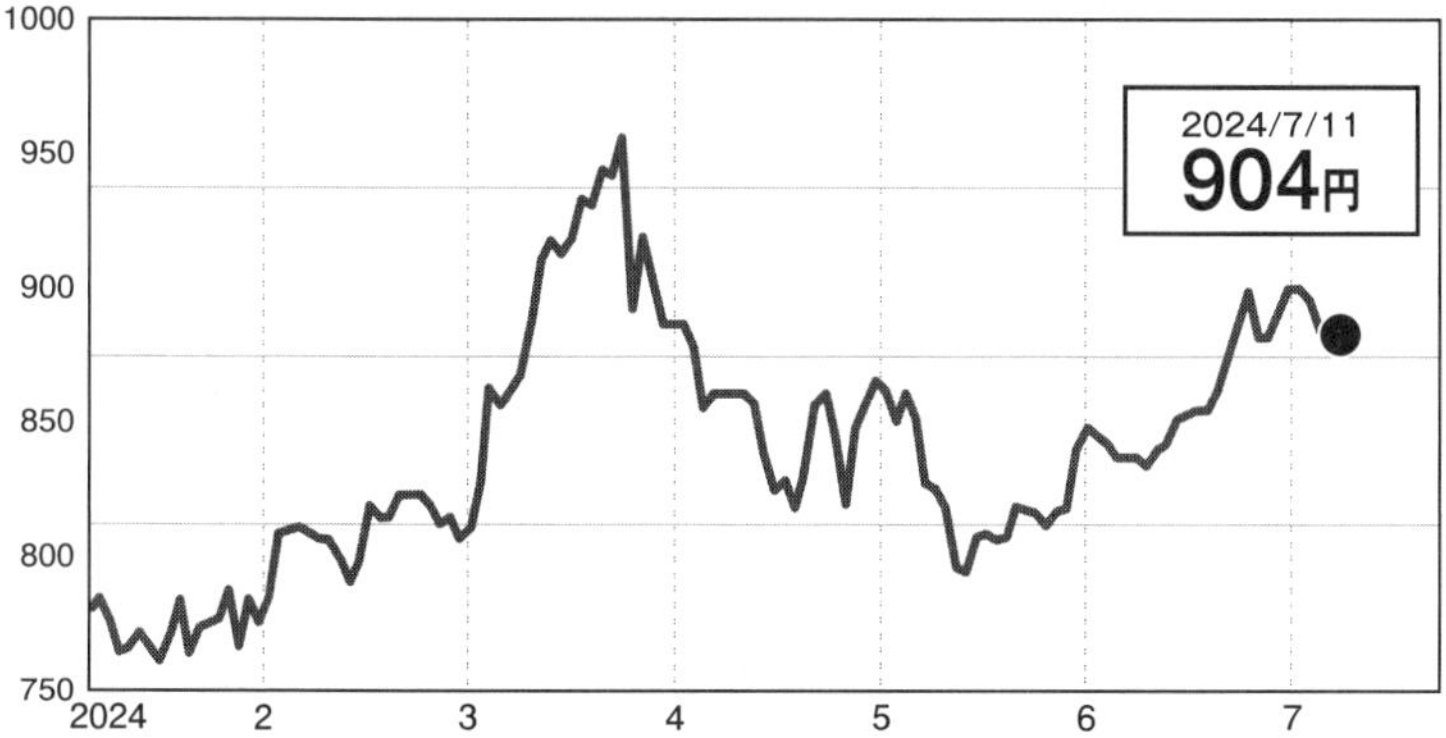

切削工具や耐磨工具の販売を手掛ける専門商社。自動車関連メーカーが主な取引先。ルートセールスだけでなく直販部門もあり自社製品を販売している。日系メーカーの中国展開に合わせ同国でのビジネスに注力中。中国製品の調達を進めてコストダウンを図っており、多様な調達ルートを持つ当社の重要性が増している。2024年3月期は日系自動車メーカーの中国向け輸出が不振だったが2025年3月期は業績回復を見込んでいる。

東証 STD 3277 サンセイランディック 不動産業

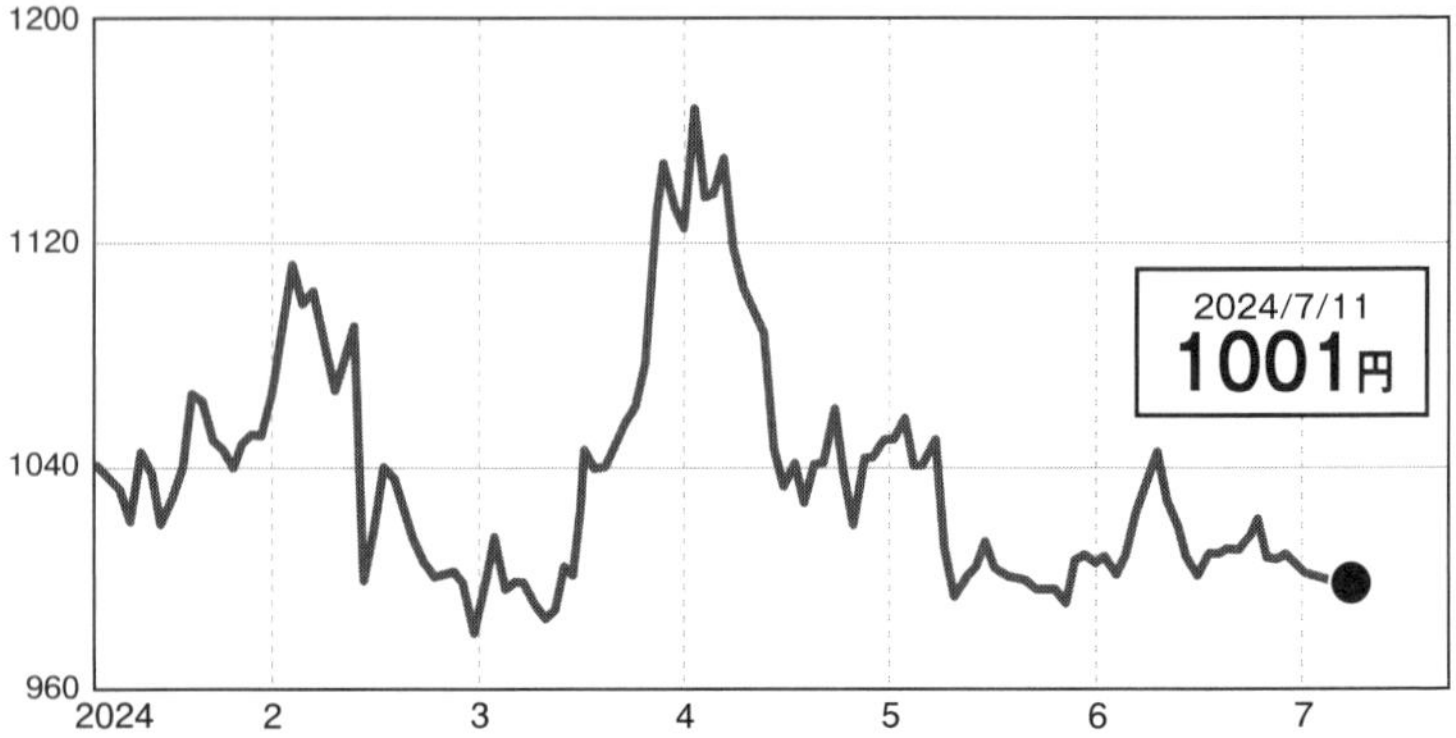

戦時中の借地法改正により、権利関係が複雑な「底地」が発生した。この会社は底地を買い取り、賃借人との権利調整を行い、転売することで利益を得ている。大手企業は手間がかかり過ぎて敬遠するビジネスであるが、この会社は底地に特化して全国展開している稀有な企業である。2023年12月期は過去最高の売り上げと利益を計上した。2024年12月期は反動減となる見通しであるものの収益の水準は高い。

東証 STD 4231 タイガースポリマー 化学

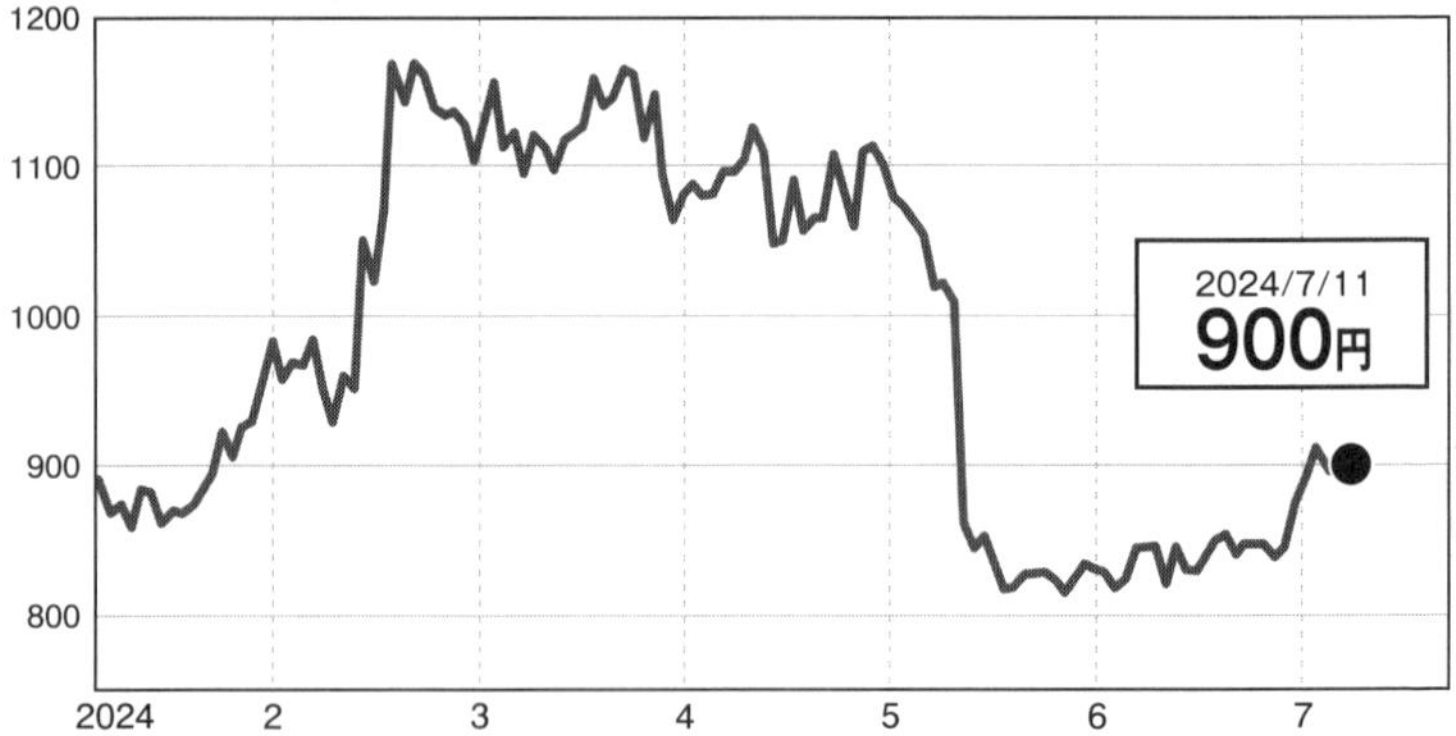

産業用ホース、自動車部品用成型品を手掛ける老舗メーカー。日系メーカーの世界展開に合わせて、アジア、北米へ展開。特に北米においては産業用ホースの大手メーカーとして認知されている。自動車部品用成型品はホンダグループ向けが大きい。2024年3月期は日系自動車メーカーの部品生産の持ち直しが追い風となり業績が大幅に回復した。特に北米が好調であった。2025年3月期も業績回復が続く見通し。

東証 STD 5018

MORESCO

石油・石炭製品

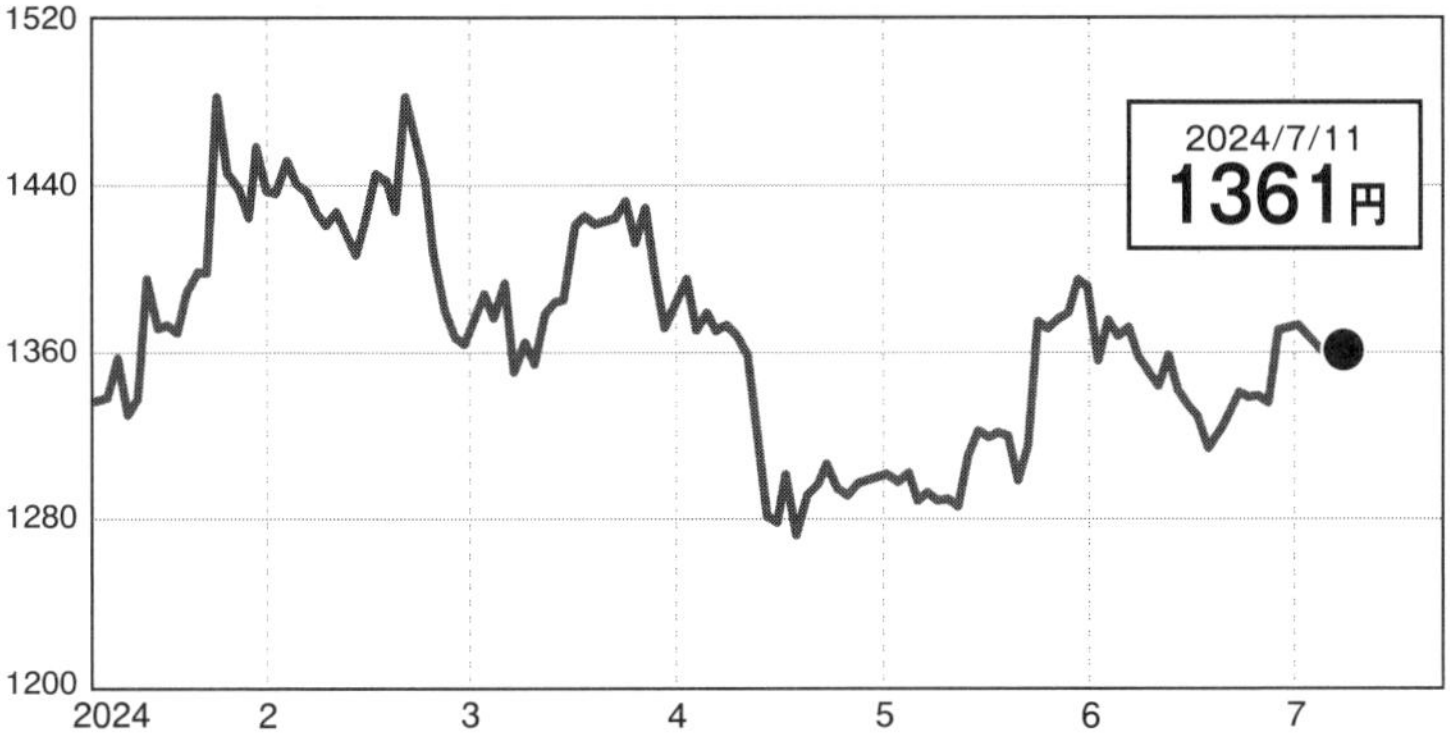

工業用潤滑油の国内パイオニアメーカー。自動車向けに強い。中国におけるシェアは低いがASEANを始めとする東南アジアでは高いプレゼンスを維持している。新興国のモータリゼーションが追い風となっている。自動車向け以外では、大人用オムツなどで使われるホットメルト接着剤を特定顧客向けに独占的に供給している。2024年2月期は中国の不振を日本と東南アジアでカバーして利益面が改善した。

東証 STD 5368

日本インシュレーション

ガラス・土石製品

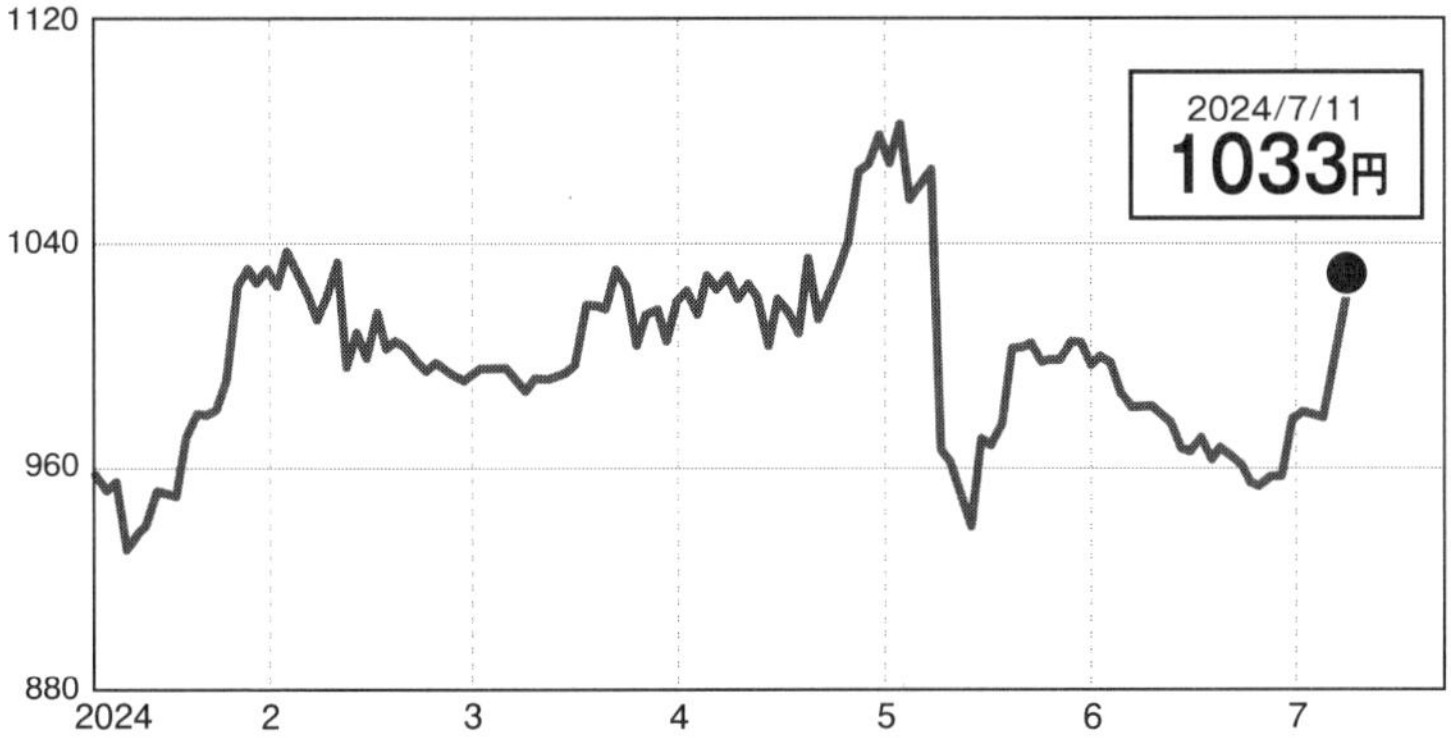

ビルや工場などで使われる耐火・断熱材を手掛けるメーカー。当社が製造する耐火・断熱材料は、1000度の高熱に3時間耐える。近年、中小のビルを解体し、高層ビルに集約する動きが活発化しており、より高い温度に耐える当社製耐火・断熱材量が使われるようになっている。2024年3月期はプラント関連が伸び、製品の価格改定効果も出て、営業増益を確保した。2025年3月期は減益予想であるが、上振れ余地がありそう。

東証 STD
5644

メタルアート

鉄鋼

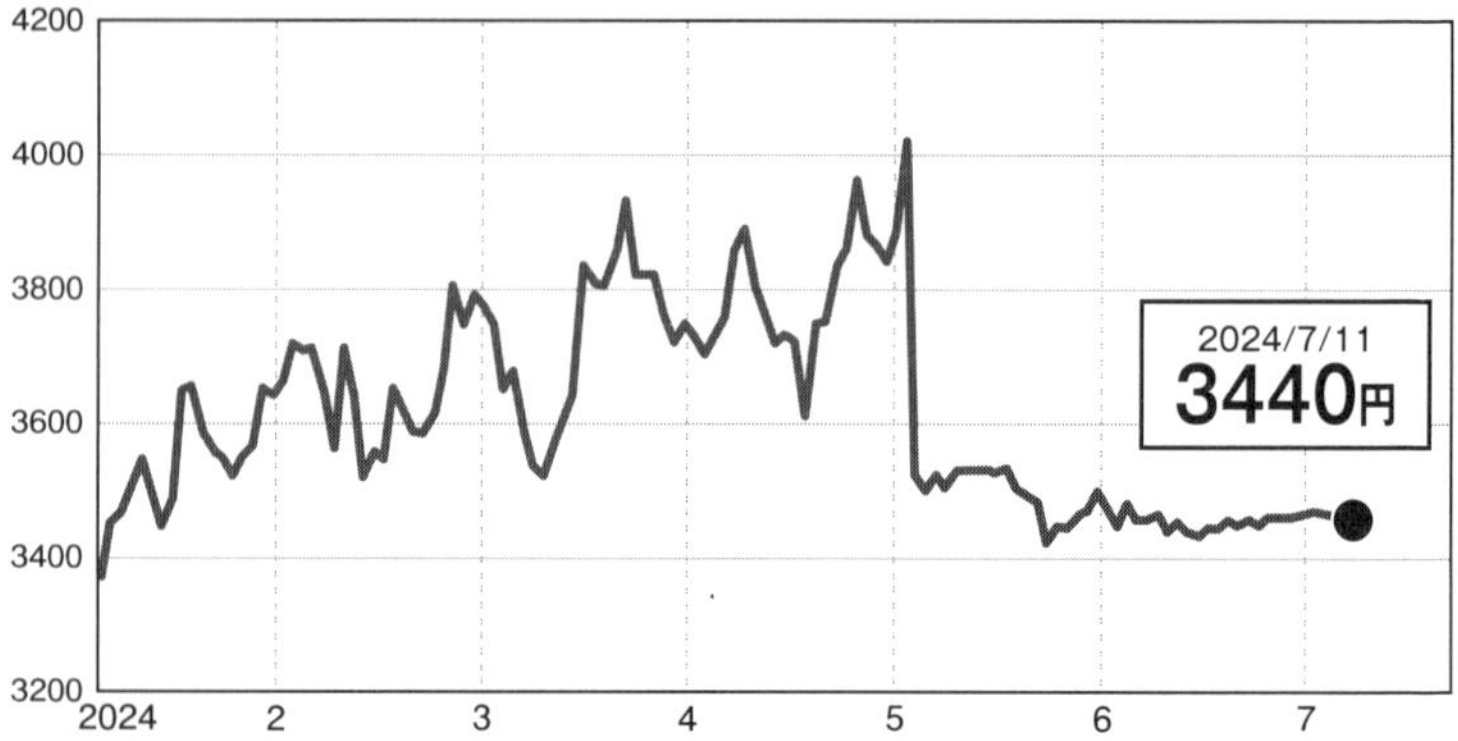

精密鍛造技術で世界有数のメーカー。ダイハツ系であり、同社への自動車用鍛造品が主たる製品。自動車のトランスミッションギア、建設機械の走行歯車など歯車鍛造品に強い。日本とインドネシアに工場があり、アジア展開を進めている。ダイハツの不正問題の影響で2024年3月期に続き2025年3月期も減益予想。ただし、特に新興国ではガソリン車の需要は依然として根強く、当社製品に対する需要は中長期的に見ても存在する。

東証 PRM
6247

日阪製作所

機械

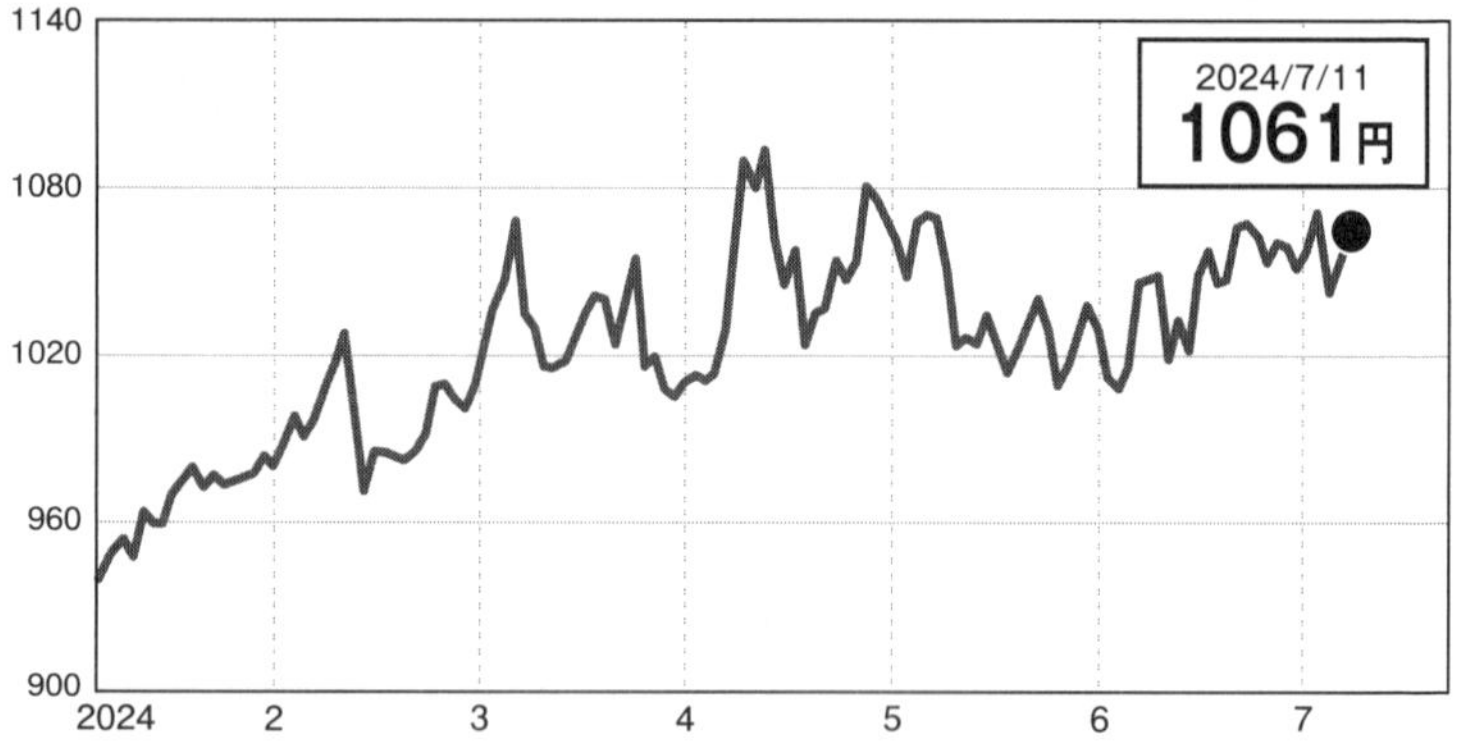

プレート式熱交換器の国内トップメーカー。熱交換器は、発電プラントなどでボイラー給水熱を回収することなどに使われる。この会社の製品はコンパクトでメンテナンスが容易であることから高く評価されている。アジアと中東に展開しており、メンテナンスビジネスに注力中。2024年3月期は受注の回復により売り上げ、利益のいずれも計画を上回った。2025年3月期は連結ベースでは減益予想であるが熱交換器は堅調を維持する見通し。

東証 PRM 6369

トーヨーカネツ

機械

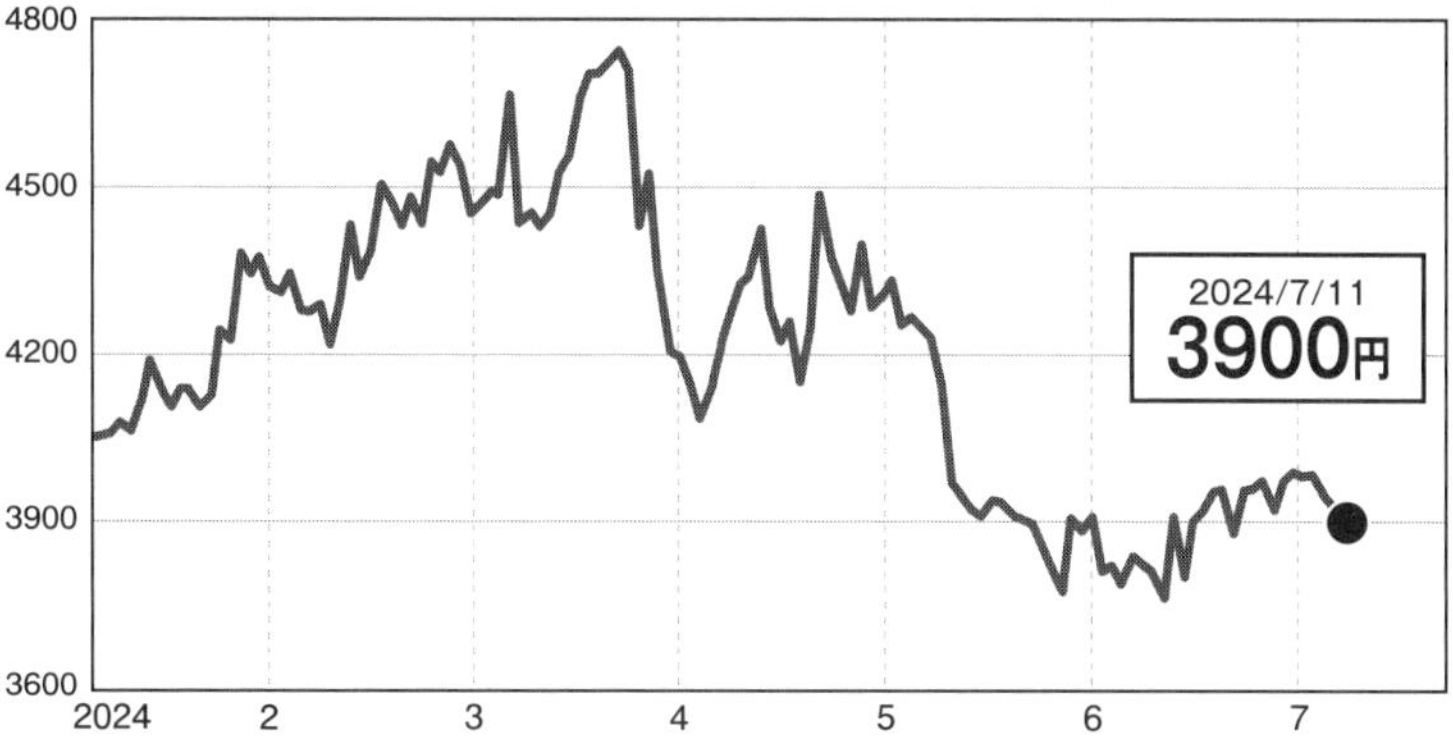

世界有数の石油・LNG タンクメーカー。国内外で5,700基以上の納入実績がある。メンテナンスビジネスも展開しており業績の下支え要因となっている。近年の主力は物流システムであり、空港や生協の工場、各種食品工場など幅広い分野で実績がある。2024年3月期は、プラント事業（タンク）、物流システムともに好調であったが、特にプラント事業の受注が大きく伸びた。2025年3月期も業績の回復が続く見通し。

東証 PRM 7607

進和

卸売業

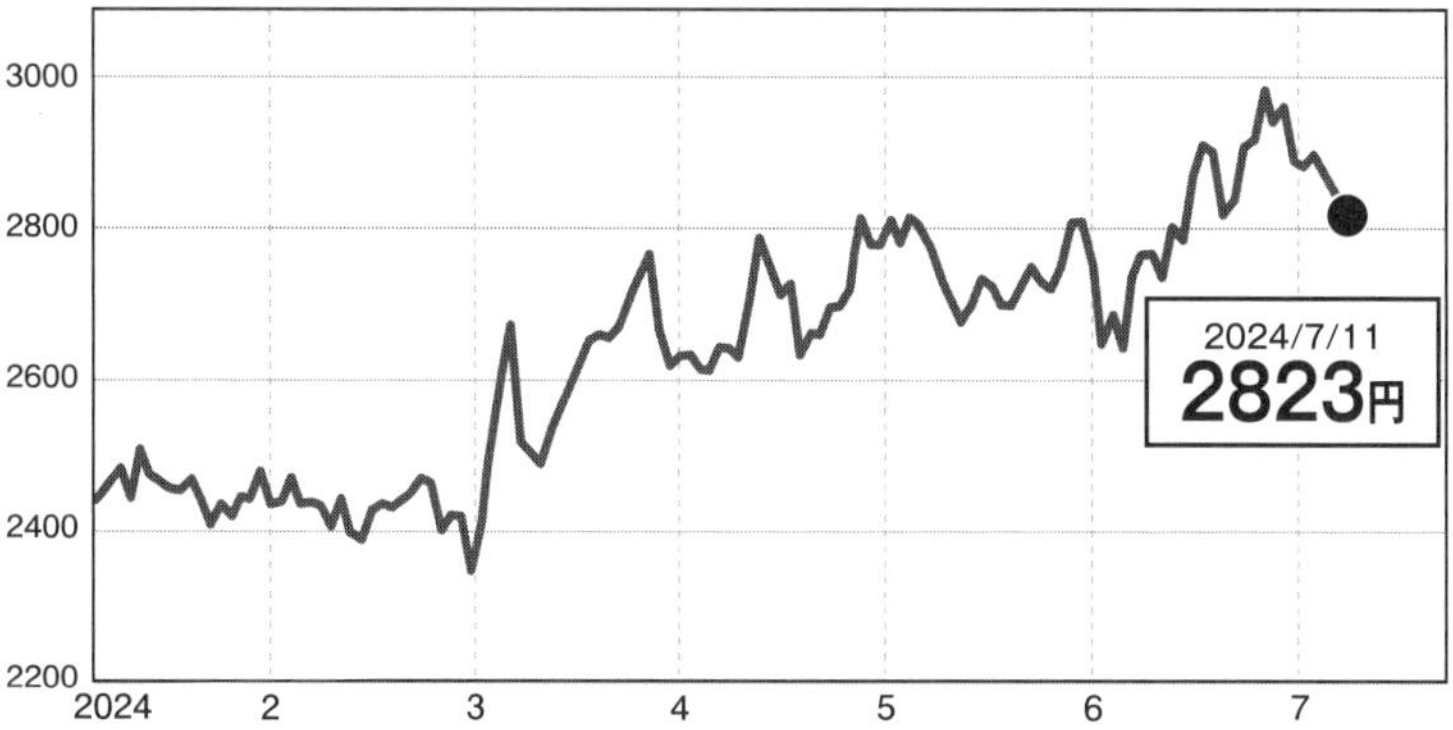

自動車、精密機器、石油化学など幅広い産業で実績がある商社。金属接合の溶接装置や接合材料の製造・販売を手掛けるメーカーでもあり、自社製品比率を高めることで採算性改善を進めている。自動車にフォーカスして、リチウムイオン電池や車載カメラなどの分野にもメーカーとして参入しようとしている。2024年8月期は、前期に中国日系自動車メーカー向けの大型案件の反動減で大幅減益となっているが、その他の地域は好調。

東証 PRM
8093
極東貿易
卸売業

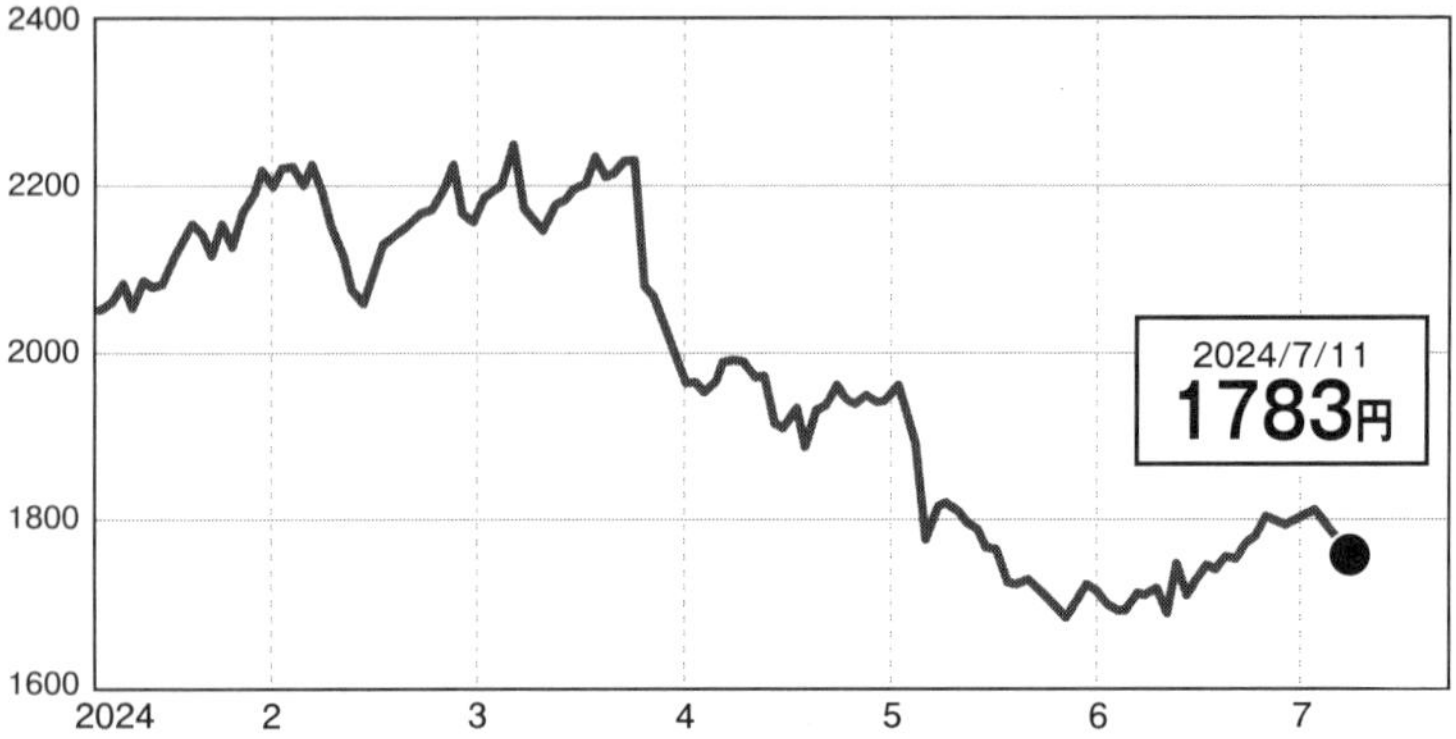

三井物産の機械部門と貿易部門を主体に1947年に設立された商社。1950年代に米国、ドイツに進出しており、調達力に定評がある。火力発電所のボイラーの制御装置で実績があり、国内の9つの電力会社すべてと取引実績がある。防衛省とも取引しており特に航空自衛隊向けが多い。2024年3月期は海外のプラント向け機器事業が好調であり、営業増益を確保した。

東証 STD
9074
日本石油輸送
陸運業

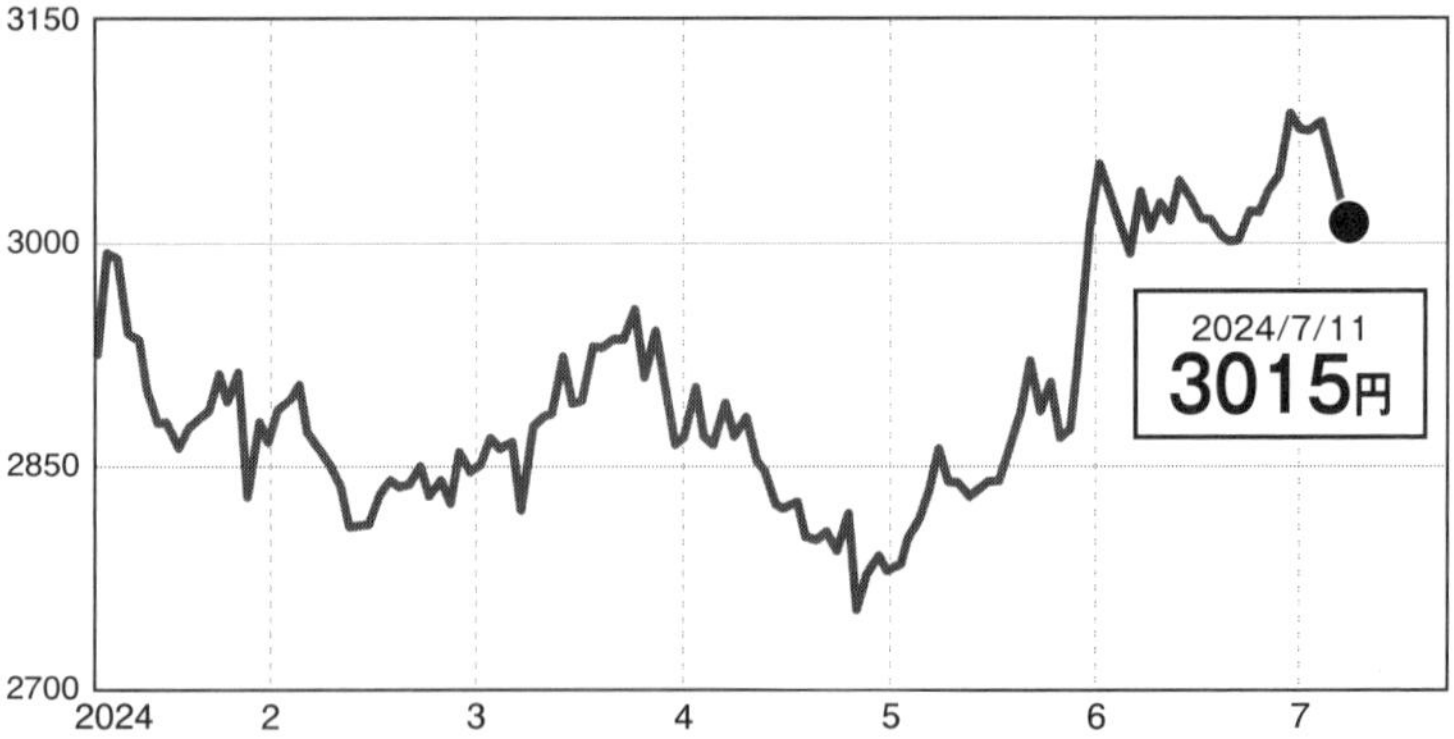

石油・高圧ガスの国内鉄道輸送で業界首位。ENEOS系。トラックの担い手不足が深刻化する中、当社は鉄道を主体に、自動車や船舶を組み合わせた複合一貫輸送を行っている。LNGや水素、液体アンモニアなど、いわゆるクリーンエネルギーの輸送に注力中。トルエンに水素を融合させ、安定的に輸送する有機ケミカルハイドライド法を用いて水素キャリアとしての地位を確立しようとしている。

東証PRM
9991
ジェコス
卸売業

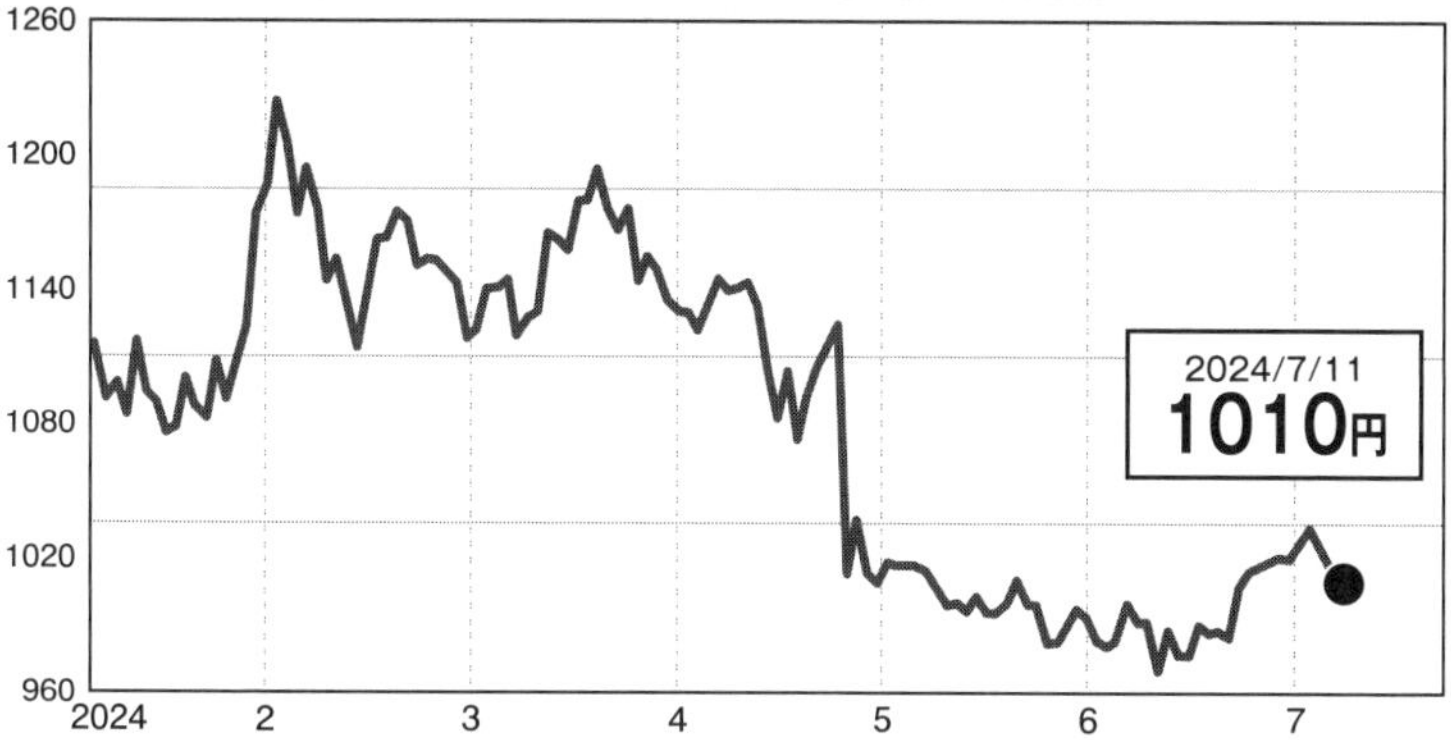

ビルや橋梁など大型の基礎工事で使われる建設仮資材の最大手メーカー。リースで貸して回収するだけでなく仮設工事の施工も行っており、独自工法の開発にも意欲的。橋梁製品の開発や建設機械のリースも手掛けている。首都圏の再開発が進む中、事業環境は良好。海外展開を推進すべく、みずほリースと業務提携した。2025年3月期は原材料費の高騰が織り込まれ減益見通しであるが価格改定が進んでおり、計画を上振れる可能性。

副島隆彦（そえじま　たかひこ）
1953年、福岡市生まれ。早稲田大学法学部卒業。外資系銀行員、予備校講師、常葉学園大学教授などを歴任。副島国家戦略研究所（SNSI）を主宰し、日本人初の「民間人国家戦略家」として、講演・執筆活動を続けている。日米の政界・シンクタンクに独自の情報源を持ち、金融経済からアメリカ政治思想、法制度論、英語学、歴史など幅広いジャンルで、鋭い洞察と緻密な分析に基づいた論評を展開している。主な著書に、『自分だけを信じて生きる』（幻冬舎）、『中国は嫌々ながら世界覇権を握る』（ビジネス社）、『教養としてのヨーロッパの王と大思想家たちの真実』（秀和システム）、『金融恐慌が始まるので金は３倍になる』（祥伝社）、『人類の月面着陸は無かったろう論』『米銀行破綻の連鎖から世界大恐慌が見えた』（徳間書店）など多数。

ホームページ「副島隆彦の学問道場」
http://www.snsi.jp

米国債の巨額踏み倒し《デット・リストラクチュアリング》で金融統制が来る

第１刷　2024年7月31日

著　　者　副島隆彦
発 行 者　小宮英行
発 行 所　株式会社徳間書店
〒141-8202　東京都品川区上大崎３－１－１
目黒セントラルスクエア
電 話　編集（03）5403-4344／販売（049）293-5521
振 替　00140-0-44392
印　　刷　本郷印刷株式会社
カバー印刷　真生印刷株式会社
製　　本　ナショナル製本協同組合

ISBN978-4-19-865820-5